우리 아빠는

우리 아빠는

옴니버스 인생 책쓰기 12편
46인의 아빠 이야기

피플북

> 고맙고 그리운
> 세상 모든 아빠들에게
> 이 책을 전합니다.

46인 지은이 소개

우경하 이은미 박선희 심푸른 안은숙
양 선 이연화 강화자 김미옥 차에스더
김현숙 장예진 박정순 김지현 한준기
박보라 한기수 정태호 최세경 이성희
최순덕 심영자 조대수 윤국주 유동식
이선자 김종호 조윤미 류정희 고서현
이성근 송혜선 김인경 김송례 이 진
전병천 김미경 임철홍 우정희 정세현
한지연 김선화 김언희 우정민
양혜진 박성희

1장. 지은이 소개

01. 우경하 - 나연구소대표, 한국자서전협회장
02. 이은미 - 한국미래평생교육원장, 오색그림책방 운영
03. 박선희 - 더원인재개발원 & 더원출판사 대표, 교육학박사수료
04. 심푸른 - 노인복지학 박사, 대한웰다잉협회 전문 강사
05. 안은숙 - 한국자서전협회 성동 지부장, 작가, 시인
06. 양 선 - 여여나무연구소 대표, 체질 직업전문가
07. 이연화 - 베스트셀러 작가, 그림책작가, 닉네임: 그림책과 함께
08. 강화자 - 1인 기업가 공감 톡 브랜딩 대표, 북소리꿈쌤
09. 김미옥 - 사회복지법인 제주공생 희망나눔종합지원센터 센터장
10. 차에스더 - 예은마음상담 치유연구원 소장, 주님의교회 담임목사

2장. 지은이 소개

11. 김현숙 - 그림책 프리랜서강사, 늘봄 '창의독서' 강사
12. 장예진 - 휘게 심리상담센터 대표, 갈등조정 상담사 담사
13. 박정순 - 한국코치협회 KPC코치, 멘토지도자협의회 회원
14. 김지현 - 마음나라연구소 대표, 사회복지학 박사
15. 한준기 - 경기대 행정대학원 석사, 작가, 마라톤 명인
16. 박보라 - 교육사 35년 운영, 치매 안심센터 리더
17. 한기수 - 한국남성행복심리상담연구소 대표, 방과후 돌봄 늘봄 강사
18. 정태호 - 인천 구월중학교 2학년, 파일럿을 꿈꾸는 청소년
19. 최세경 - 한화생명 금융서비스, 작가, 세경책방 대표
20. 이성희 - 메디컬푸드컨설턴트, 발효자연소스전문

3장. 지은이 소개

21. 최순덕 - 직무지도위원, 근로지원인 활동, 코리안투데이 시민기자
22. 심영자 - 마스터 코치, 신뢰 & 소통 전문강사, NLP트레이너
23. 조대수 - 화법연구소 대표 / 백년멘토(주) 대표
24. 윤국주 - 글쓰기활용전문지도사
25. 유동식 - 국제뇌교육종합대학원 뇌교육학박사 과정수료
26. 이선자 - 장애인자립생활센터 모임 자문위원, 뉴스킨사업을 진행
27. 김종호 - BMCT 홈닥터(뇌인지 / 마음 / 언어 상호작용 지도사)
28. 조윤미 - EduNest AI Lap 대표, AI동화출판지도사, 동화작가
29. 류정희 - Yes!진로코칭상담소, KPC코치, 생명존중강사
30. 고서현 - 신한대학교 대학원 보건학 박사 수료(통합대체의학)

아빠가 최고

4장. 지은이 소개

31. 이성근 - NTB Trade 대표, NTB Total 대표, 남촌쭈꾸미 대표
32. 송혜선 - 생명존중강사, 청소년상담사
33. 김인경 - 자담인 상담 매니저, 부동산중개사무소 실장
34. 김송례 - GnB영어전문학원 원장, 아이러브스터디 대표
35. 이 진 - 오생단 깨끗해짐지사 대표, 세종시교육청 소속 마을교사
36. 전병천 - 한국콘텐츠능률협회 회장, 성현쌤 아카데미 대표
37. 김미경 - 헬스케어상담(유전자분석 & 질병, 치매인자)
38. 임철홍 - 워킹홀리데이센터 대표, 네이버 카페 '슈퍼맨유학' 운영
39. 우정희 - 청도재가노인복지센터 대표,
40. 정세현 - 아름다운 세상을 만들어 가는 사람

5장. 지은이 소개

41. 한지연 - 네 아이의 엄마, 다복퀸, 작가
42. 김선화 - 영산대학교 겸임교수, 청소년지도사
43. 김언희 - 보험영업 20년 차, 작가
44. 우정민 - 중학교 3학년 재학중
45. 양혜진 - 문서영상선교사, 삼성화재 메디컬 매니져
46. 박성희 - 문서영상선교사, 삼성화재 메디컬 매니져

프롤로그

'아빠'라는 단어는 생각만으로도 묵직한 책임감과 뭉클한 존경심을 떠올리게 한다. 아빠는 우리를 위해 묵묵히 땀 흘리고, 말없이 든든한 버팀목이 되어주었으며, 때로는 따뜻한 격려로 우리를 이끌어준 존재다. 때론 서툴고 무뚝뚝하지만, 늘 가슴으로 가족을 지켜온 우리의 영웅이다.

이 책은 46인의 작가가 들려주는 아빠에 대한 이야기다. 우리 아빠들의 모습은 굳은 침묵 속에 숨겨진 사랑이었고, 가족을 위한 거대한 희생이었으며, 힘난한 세상 속에서 우리를 지켜준 든든한 방패였다. 때로는 그림자처럼 곁을 지켜주었고, 언제나 우리 마음속에 감사함, 미안함, 그리고 아련한 그리움으로 자리하고 있다.

글을 쓰며 우리는 잊고 지냈던 추억에 잠시 미소 지었고, 미처 전하지 못한 마음에 눈물을 흘렸다.

이 책은 전자책, 공동 저서, 자서전 전문 나연구소의 [옴니버스 인생책쓰기] 프로젝트 12번째 결실이다. 이 프로젝트는 우리의 인생을 주제로 매월 1권씩의 출판, 총 8년 동안 100편의 책을 출간하는 것을 목표로 한다.

우리의 이야기가 아빠를 사랑하고 그리워하는 모든 분에게 깊은 공감으로 다가가기를 바라며, 세상의 모든 위대하고 거룩한 아빠들에게 이 책을 바친다.

목차

프롤로그　·12

1장. 일찍 하늘의 별이 되었다.　·14
2장. 가장의 무게　·56
3장. 사무치게 그리운 아버지　·98
4장. 아버지의 생애와 나의 이야기　·140
5장. 아빠, 존재만으로도 든든한 내 편　·182

에필로그　·209

1장

일찍 하늘의 별이 되었다

01. 우경하
일찍 하늘의 별이 되었다

02. 이은미
아버지, 나의 나침반

03. 박선희
딸래미, 라면 먹을래?

04. 심푸른
거목인 아빠도 희생양이었다

05. 안은숙
자식만 바라보는 나의 아버지

06. 양 선
섬세함과 강인함을 함께 가진 분

07. 이연화
소나무 같은 우리 아빠

08. 강화자
우리 아버지의 상처와 기다림

09. 김미옥
아부지가 차려준 밥상

10. 차에스더
아버지를 이해하게 된 은혜

NO.1
우 경 하

네이버 검색: 우경하
유튜브 검색: 나연구소

나연구소 대표
한국자서전협회장
전자책, 공동저서, 자서전 출판 전문
온라인 오프라인 500회 이상 강의 코칭
전자책, 종이책 포함 200권 이상 출판
누적 출판작가 650명 이상 배출
닉네임: １００권작가

일찍 하늘의 별이 되었다

아빠와 나는 정이 많지 않았다. 그건 아마도 생각과 감정을 있는 그대로 표현하지 못했던 그 시대 우리의 문화와 유교 사상이 강한 안동이라는 지역 특성에서 비롯되었다고 생각한다.

가족들과의 대화가 많지 않아서 대화가 많고 화목해 보이는 집들을 보면 늘 부러웠다. 마음속의 생각과 감정을 솔직하게 표현하는 방법을 못 배운 게 커서도 많이 아쉬웠다. 그래서 어린 시절의 나는 표현을 잘 못했고 내성적이고 소심했다.

아빠는 왠지 같이 있으면 어렵고 불편한 존재였다. 그랬기에 나는 아이를 낳으면 친구 같은 아빠, 다정한 아빠가 되고 싶다고 생각을 많이 했었다.

우리 집은 내가 어려서부터 농약 장사를 했다. 사람 좋고 친구를 좋아했던 아빠 덕분에 우리 집 안방에는 늘 동네 아저씨들이 많이 왔고 1주일에 3~4번은 모여서 고스톱을 쳤다. 학교에 다녀와서 주방에서 밥을 먹는데 담배 연기 때문에 눈 따갑고 불편했던 기억이 난다.

어느 날은 집에서 잔치 같은 행사를 했는데 사람들이 많았고 사물놀이하는 사람들도 왔다. 오래돼서 그때의 상황이 잘 기억나진 않지만, 장구채가 어디 있냐고 아빠가 나에게 물었던 것 같고 나는 잘 모르겠다고 하니, 아빠는 사람들이 보는 앞에서 내 머리를 때렸다. 그런 일이 있고 난 뒤 아빠가 싫어졌고, 마음의 문을 닫았던 것 같다.

내 나이 20살, 대학교 1학년 때 아빠가 돌아가셨다. 평소에 아픈 증상이 없었기 때문에 모두가 놀랐다. 병명은 위암이었다. 아마도 음식을 맵고 짜게 먹는 식습관과 술, 담배와 운동 부족이 원이라는 생각이 든다.

병이 발견되고 1년도 채 안 되어서 돌아가셨다. 나중에 엄마에게 들었는데 안동에서는 수술이 힘들어서 서울 고대병원에서 수술했다고 했다. 낯선 곳에 다니면서 많이 힘들었을 아빠와 엄마 생각에 마음이 아프고 속이 상했다.

아빠는 수술 후 다시 안동병원으로 왔다. 학교에 있는데 엄마에게 전화가 왔다.

"야야, 아빠가 상태가 많이 안 좋으니, 병원에 들렀다 가라."

병실에서 본 아빠의 모습은 머리가 빠져서 모자를 쓰고 있었고 얼굴이 검었다. 철없던 시절이어서 그 상황이 매우 불편했고 무서웠다.

어색하게 앉아 있다가 병원을 나왔다. 그러고는 얼마 뒤에 아빠는 하늘나라로 갔고, 장례를 치렀다. 상주가 되어서 손님들이 맞이해야 했다. 그 상황도 처음 겪는 일이라 매우 혼란스러웠다. 엄마는 사람들이 올 때마다 울었고, 할머니도 아빠의 이름을 부르며 울었다. 생각지도 못한 일들에 나는 매우 당황스러웠고 여러모로 힘들었던 기억이 난다.

아빠가 돌아가시고 엄마는 혼자서 장사와 농사일을 씩씩하게 해냈다. 그 당시 집안일을 많이 도와주지 못했고, 정신적으로도 엄마에게 힘이 되어 주지 못한 게 두고두고 미안했고, 마음이 아팠다. 아빠 나이 48세, 엄마 나이 44세였으니 매우 젊은 나이였다. 그 나이에 혼자되어 자식 3명을 먹여 살리느라 얼마나 힘들었을지를 생각하면 더 마음이 아프다.

그때의 나는 무뚝뚝했고, 어렸고, 세상을 몰랐다. 주변 사람들이 무엇이 필요한지, 내가 무엇을 해야 하는지 잘 몰랐었다. 학교를 마치고 1년 정도 있다가 군대에 갔고, 이후 서울로 올라왔으니, 엄마는 많은 시간을 홀로 견뎌내야 했다.

그 당시 병원에 갔을 때, 죽음 앞에서 두려웠을 아빠의 손 한번 따뜻하게 못 잡아주고, 병간호에 지치고 힘든 엄마에게 위로의 말 한마디 못 건넨 게 두고두고 아쉬움으로 남는다.

많은 시간이 흘렀고 나도 두 아이의 아빠가 되었다. 매년 명절에 산소에 가고 제사를 지낸다. 이제는 기억 속에서만 아빠를 본다. 시간이 최고의 약이듯 세월이 지나고 시간이 흐르니, 원망의 마음들은 많이 줄어들었다. 모든 일에 음과 양이 있듯이 일찍 아빠가 돌아간 일로 나는 책임감과 독립성이 강한 사람이 되었다. 죄가 깊으면 은혜도 깊다는 말처럼 내가 불편함과 속앓이를 많이 경험했기에 누군가의 힘들고 아픈 마음을 이해할 수 있는 공감력이 향상됐다고 생각한다.

20년밖에 함께 하지 못한 짧은 인연에 아쉬움을 전하고 나를 낳아준 아빠와 엄마에게 감사와 사랑의 마음을 전한다.

NO.2
이은미

블로그:
https://blog.naver.com/mi2241
네이버 검색: 그림책코치 이은미
유튜브: 오색그림책방

한국미래평생교육원장
오색그림책방 운영
윤슬그림책출판사 대표
한국작가협회 부회장 & 포천지부장
그림책심리성장연구소 경기1지부
전자책, 공동저서. 자서전출판 전문
종이책, 전자책, 그림책, 개인저서 포함 75권 작가

아버지, 나의 나침반

　세상에 처음 발을 내디딘 순간부터, 나는 어쩌면 한 손이 빠진 채로 살아가는 아이였는지도 모른다. 보이지 않는 어머니의 손길 대신, 아버지의 단단한 손이 내 삶의 균형을 잡아주었다. 내 어린 날의 기억은 따뜻한 품보다 서늘한 바람 속에 피어난 들꽃처럼, 고요하고 외로운 풍경으로 남아 있다.

　어릴 적 나는 엄마 없이 아버지와 단둘이 살아야 했다. 엄마는 무속인이었고, 그로 인해 나는 다른 아이들처럼 엄마의 손길을 느껴본 기억이 없다. 엄마의 부재는 늘 내 삶에 지워지지 않는 상처로 남았다. 그 빈자리를 채우기 위해 아버지는 누구보다 묵묵히 나를 품었고, 나는 그 사랑에 의지해 자라났다. 시골의 삶은 쉽지 않았다. 물을 길어 마시고, 겨울이면 장작을 피워야만 집이 따뜻해졌다. 친구들이 난로 앞에서 간식을 먹을 때, 나는 혼자서 온기를 만들어야 했다. 아버지가 일을 나가고 집에 남겨진 나는, 커다란 고요 속에서 외로움을 배우고, 기다림의 의미를 익혔다.

　그러나 그런 삶 속에서도 아버지는 내게 세상에서 가장 따뜻한 사람이었다. 일이 바쁘신 중에도 한탄강으로 데려가 낚시를 가르쳐주셨고, 라면을 끓여주시며 자연의 소중함과 인생의 여백을 느끼게 해주셨다. 산을 넘으며 나무와 꽃, 새 이야기를 들려주시던 아버지의 목소리는 바람보다도 잔잔하게 내 마음을 흔들었다. 시장에서는 흥정도 능숙하셨고, 나에게 꼭 맞는 옷을 골라주시며 "넌 소중한 아이야"라는 말을 행동으로 보여주셨다.

　일곱 살 때 처음 만난 엄마는 이미 스님이 되어 있었다. 오랜만의 만남은 기쁨보단 혼란이 컸다. 따뜻한 품을 꿈꿨지만, 나는 그날 더 큰 상처를 안고 돌아왔다. 아빠는 엄마를 다시 돌려보냈고, 나는 말없이 받아들여야 했다. 어린 마음은 혼란스러웠지만, 그 경험을 통해 세상은 늘 뜻대로 되지 않으며, 우리는 그 안에서도 스스로를 다잡아야 한다는 걸 배웠다.

　열한 살, 작은할아버지를 통해 숨겨졌던 가족사를 들었다. 그 이야기를 듣고 나는 비로소 아빠가 얼마나 많은 고통을 안고 살아왔는지를 알게 되었다. 이후 서울로 이사한 나는 낯선 환경과 새로운 삶에 적응해야 했다. 서울은 시골과 달랐고, 나는 스스로를 끊임없이 다독이며 매일 성장해나갔다. 운동회 날 멀리서 찾아온 아빠의 모습에 나는 참았던 눈물을 흘렸다. 그 한순간이 나를 버티게 하는 큰 위로가 되었다.
　아버지는 내게 예의와 정직, 절약의 중요성을 가르쳐주셨다. 말보다 행동으로, 따뜻함보다는 단단함으로. 그 시절 아빠의 엄격함은 때론 무섭게 느껴졌지만, 시간이 흘러 나는 깨달았다. 그것은 세상을 견디기 위한 가장 단단한 무기였음을. 이제 나는 어떤 어려움 앞에서도 쉽게 흔들리지 않는다. 왜냐하면 내 안엔 아버지가 심어준 나침반이 있기 때문이다.

나는 지금도 아버지를 떠올리며 살아간다. 외롭고 힘든 순간마다, 내 마음속에는 여전히 아버지의 손길이 느껴진다. 아버지는 내 삶의 방향을 제시해 준 사람이고, 그와 함께 한 모든 순간이 나를 지탱해 주는 힘이 되었다.

이제 부모가 되어 아이를 바라보는 눈길 속에, 나는 종종 아버지를 본다. 말없이 나를 품어주던 그 따뜻한 등, 험한 세상을 먼저 걸으며 길을 만들어 주시던 그 단단한 발자국. 나는 아직도 아버지처럼 강해지지 못했지만, 아이를 바라보는 내 마음엔 아버지의 마음이 고스란히 담겨있다. 아이의 작은 손을 잡을 때마다, 예전의 아버지가 나를 그렇게 잡아주셨던 그 순간들을 떠올린다.

나는 이제 안다. 사랑은 돌봄이었고, 사랑은 기다림이었고, 사랑은 말보다 더 크고 깊은 '묵묵한 존재'였음을. 아버지는 내게 세상을 살아갈 수 있는 지혜를, 사람을 대하는 따뜻한 눈을, 어떤 절망 속에서도 꺼지지 않는 희망의 불씨를 심어주셨다. 그래서 감사하다. 나를 한 사람으로 키워주시고, 나를 부모가 될 수 있도록 이끌어주신 그 손길에. 아버지의 삶이 곧 나의 뿌리였고, 당신의 사랑이 나를 사랑할 수 있는 사람으로 만들어 주셨기에. 아버지, 당신은 나의 나침반이자, 내가 내 아이에게 건네는 사랑의 첫 울림입니다.

그 모든 시간에, 가르침에, 침묵 속 사랑에 진심으로 감사합니다.

NO.3
박 선 희

블로그:
https://blog.naver.com/wakeupsun
네이버 검색: 박선희작가
전문직업인/ 닉네임 오이작가

더원인재개발원 대표 & 더원출판사 운영
(주)ESG경영연구원 이사
한국자서전협회 사무국장 및 창원지사장
한국평생교육사협회 이사 (경남)
(재)경남여성가족재단 아카데미 강사
교육학 박사 수료
기업강사, 기업컨설턴트, 작가, 블로거
전자책, 공동저서, 자서전 출판 전문

딸래미, 라면 먹을래?

나를 찾는 하루 5분 코칭 스킬
1. 우리 아빠를 떠올려 보자. 어떤 사람인가?
2. 내가 기억하는 아빠와의 에피소드, 감정은 어떠한가?
3. 독자에게 전하고 싶은 한 줄 메시지는 무엇인가?

"딸래미. 라면 먹을래?"
"아빠, 살쪄요."
"내가 배고파서 먹어야겠다. 끓여 온나. 하나 끓여서 반만 먹으면 되지. 나머지는 내가 먹으면 되고."
"나는 안 먹을 거예요. 알겠죠?"

고3 시절, 야간자율학습 마치고 버스에 시달려 집에 왔다. 다시 책상에 앉았다. 몸은 천근만근, 배도 고픈데, 한밤중에 라면을 끓여 오라는 아버지의 말은 큰 유혹이었다.

"아버지, 드세요."
"니는? 안 묵나? 한 젓가락 먹어보지?"
파, 마늘, 달걀에 떡국까지 넣은 따끈한 라면.
"안 되는데."
"한 젓가락 먹으면 되지. 묵어 봐래이."

아버지는 한 번 더 씨익 미소를 지었다.

아버지는 국물만 떠먹었다. 호로록 먹다 보면 나 혼자 다 먹게 된다.

"에이. 아빠, 나 혼자 다 먹었잖아요. 아빠는 뭐 먹어요?"

"라면 국물에 밥 말아 먹으면 되지."

배가 불러 포만감에 괜히 먹었다는 속상함이 더해 문을 "탕" 닫고, 책상에 앉았다. 다음날, 밤이 되면 아버지는 또 라면이 먹고 싶다 했다. 나는 안 되는데 하면서 부엌으로 향했다.

사춘기 여학생 중 아버지와 사이좋은 사람은 몇이나 될까? 10명 중 한두 명? 나는 아버지가 싫었다. 아버지와 대화는 일방적이었다. 아버지는 말하고, 딸은 듣기만 했다. 어떤 때는 딴짓하며 듣지도 않았다.

생계를 책임진 엄마는 늘 바빴다. 새벽부터 밤까지 하루 종일 일했다. 고생하는 엄마가 안쓰러웠다. 아버지는 엄마에게 큰소리치고, 자존심이 강했다. 나는 아버지가 무능해 보였다. 아버지와 별 할 말이 없었다.

아버지 또한, 엄마 편을 들고, 지 애미와 닮은 딸이 썩 내키지 않았을 것이다. 무뚝뚝한 경상도 남자, 특히 보수적인 중년 아저씨였다. 아버지가 떠난 지, 5년이 지났다. 살아생전에 보이지 않던 작은 일화들이 왜 이렇게 새롭게 와 닿을까?

내 나이 50대가 되고, 고3 아이들을 키우고 보니, 이제야 알겠다. 아버지는 늦은 밤 라면을 먹고 싶었던 것이 아니었다.

밤늦게 지쳐서 들어온 딸, 무뚝뚝한 큰딸이 라면 먹는 모습을 보고 싶었던 거다. 공부도, 학교 얘기도, 친구도 궁금했을 것이다. 그러나, 아버지는 그냥 말없이 라면을 먹었다. 예민하고 신경이 날카로운 고3 아이를 키워보니, 이제야 알겠다. 부모는 잠깐의 5분에 자녀의 24시간 하루를 말없이 읽는 존재다.

내가 살면서 행복하게 살 수 있고, 조그마한 성공을 할 수 있는 것은 성실하고 법 없이 살았던 양심가인 아버지와 억척스러우면서도 지혜로운 엄마 덕분이다. 자만하지 않고, 겸손하며 건강하고 긍정적인 두 분의 DNA에 감사하다.

"딸래미. 나 데리고 어디든 가자."
검정 모자, 빨간 잠바와 하얀 운동화를 신고 환하게 웃으며 대문 입구에 나섰던 아빠. 치매로 기억을 잃어가고 있었지만, 차 타고 나갈 생각에 5살 꼬마처럼 신이 났던 아빠. 오늘따라 아버지가 보고 싶다.

"아버지, 평안하시죠?"

NO.4
심푸른

메일: mindonbook@naver.com
블로그:
https://blog.naver.com/simbluebook

노인복지학 박사
대한웰다잉협회 전문 강사
노인 사별 배우자 전문상담사
노인통합교육지도사
한국자서전협회 광주지부장
자서전출판지도사
저서: 『내 삶이 콘텐츠다』 외 다수
닉네임: 심프로, 로초 작가

거목인 아빠도 희생양이었다

'어른, 심상태'

우리 아빠다. 6년 전 아버지 장례를 치를 때 동네의 나이 지긋한 어르신 한 분이 우리 아빠에 대해서 '농사꾼이셨지만 그냥 농사꾼이 아니라 진정한 어른이셨다'라고 하셨다. 나는 그 말에 공감했고, 아빠가 몹시 자랑스러웠다. 삶의 마지막도 평생 사시던 집에서 보내시며, 앓으신 지 3일 만에 조용히 떠나셨다.

어떤 발자취를 남기느냐는 결국 남은 이들에게 깊은 정신적 유산으로 남는 것 같다. 우리 아빠는 남에게 베풀며 모범적으로 바르게 사셨고, 사람들로부터 인심을 후하게 얻으신 분이셨다. 시골에서 쟁기질 일꾼이 필요한 곳이면 자신의 몸이 부서지는 한이 있더라도 어디든지 달려가 기꺼이 도우셨다.

아빠의 이미지는 엄격한 아빠, 모범적인 아버지상으로 남아있다. 나의 성장기 때는 전통적이고 공격적이며, 강하고 완고한 아버지상에 익숙했다. 엄격한 부성의 역할을 맡는 것이 우리 아빠에게 주어진 생전의 과제였을까. 아빠는 전통적인 부성의 이미지 그 자체로 강렬하게 사셨던 분이다. 그래서 나에게 아빠의 존재는 언제나 다가가기 어려운 대상처럼 느껴졌었다.

그러나 이제는, 아빠! 그 이름만 불러도 **그리움이 사무친다**.

막내인 나조차도 어리광 부리기 어려운 아빠였지만, 그럼에도 늘 나의 자랑이었다. 부모가 자식을 자랑하듯, 나는 아빠가 나의 자존심이었다. 아침마다 라디오를 들으시며 세상일에 밝으셨고, 귀와 마음을 항상 열어두셨다. 새벽부터 일어나 하루도 쉬지 않고 부지런히 일하셨다.

아빠는 봉이었을까. 내가 아빠를 보내드리고 난 이 시점에서 생각해 보니 **아빠는 봉이 아니라 희생양이었고 거목이었다.** 아빠도 눈물이 있었을 것이고 아빠도 가난 속에서 가장의 역할이 버거웠을 것이다. 아빠의 희생이 당연한 것이 아니었다. 아빠도 가부장제 희생양이라는 생각, 피해자라는 생각을 아빠 가신 뒤에 깨달았다.

가부장적 사회에서 체계적 권력은 남성 지배적 사회구조에 기초하여 사회 내에서 남성의 기득권과 지배적 위치를 보장했다. 나의 아빠는 가정의 중심적 위치에서, 엄마는 남성에게 의존하는 존재로 주변화된 인물로 사셨다.

그러나 아빠는 끊임없이 베푸는 삶을 실천하셨다. 평생 농사일에 지친 몸이었지만, 가난한 형편 탓에 배우고 싶어도 배우지 못했던 한을 자식에게 물려주지 않기 위해 뼈를 깎는 고생을 마다하지 않으시며 **6남매를 온몸으로 키워내셨다.**

가장 가슴 아픈 사연은, 아빠가 공부를 너무 하고 싶으셔서 학교 울타리 밖에서 나뭇가지로 땅바닥에 글씨를 쓰며 혼자 공부하셨다는 이야기다. 아빠는 머리가 유난히 총명하다는 소문이 마을에서 자자했기에, 어린 시절 나는 아빠가 공부를 많이 하신 분인 줄로만 알았다.

학교에서 늘 가족관계 조사할 때 학력란에 사실대로 쓰기가 싫어서 속여서 썼었다. 내 뒤에 숨을 분이 아닌, 그토록 유명하고 총명하신 분이며, 세상에 둘도 없는, 나의 유일하고 특별한, 자랑스러운 나의 아빠를 말이다.

시골에서 '소 팔고 논 팔고' 막내딸을 뒷바라지해 주셨다. 나도 그렇게 받은 헌신과 사랑을 내 자식들에게 흘려보내며 부모 노릇을 할 수 있을까. 시공간을 초월한 자식 사랑의 본질은 거스를 수 없지만, 아빠만큼 할 자신은 없다.

아빠는 가족이 모이면 늘 군대 카투사 이야기를 반복하셨었다. 그리고 살아온 굴곡 있는 스토리를 들려주셨다. 나는 그때마다 아빠의 삶을 기록으로 남겨드리고 싶다고 생각했었다. 자서전에 대해 배우고 직접 써보니, 그것이 바로 자서전이었다. 아빠에 대한 기억을 반추하고 자료를 모아 머지않아 아빠의 자서전을 써서 그분을 영원히 기릴 것이다.

아빠께서 떠나신 후 5년 동안은 아빠 사진을 제대로 보지 못했다. 6주기인 올해부터 나는 아빠 사진도 보고 글도 쓰고 있다. 이제 눈물을 거두고 생전 아빠께서 몸소 보여주신 삶의 가르침을 따라 더욱 열심히 살아가야겠다는 다짐을 해본다.

"*아빠, 내 아빠셔서 참 감사해요. 마지막으로 남기신 12초짜리 육성 테이프를 자주 듣곤 합니다.*"

"*내 딸 사랑한다.*"

NO.5
안 은 숙

네이버 검색: 안은숙
유페이퍼 검색: 파키라

작가, 시인
한국자서전협회 성동 지부장
전자책 작가
저서
『공주의 황금빛 날개』, 『바람의 정령아이리스』
『로맨스(상),(하)』, 『마지막 웨딩』, 『마이 엔젤』
『안개꽃 당신(상), (하)』, 『그리움은 나를 묻고』
『인생 자서전』 등

자식만 바라보는 나의 아버지

    작은 두메산골에서 태어난 아버지는 엄하신 할아버지 밑에서 유교 사상을 철저하게 교육받은 사람이다. 아버지는 고모들만 많은 상황에서 낳은 귀하고 귀한 맏아들로 태어났다. 그러기에 그는 세상 물정 하나도 모르는 그런 순수하고 착한 아이 같은 마음을 지닌 분이다.

1. 아버지의 어린 시절

    첩첩산중 두메산골에서 귀하게 태어난 아버지는 할아버지 밑에서 엄하게 자랐지만, 집안에서는 귀한 존재였다. 집안 살림을 일으키신 할아버지의 눈에는 늙은 나이에 낳은 아버지만 걱정하셨으리라 생각된다. 어려웠던 그 시절 어렸을 때 많은 아이가 병명도 모른 채 많이 죽어서 그런지 어릴 때부터 몸이 허약했던 아버지도 일찍 죽을까 싶어 할아버지는 몸에 좋다는 귀한 보양식이란 것들을 죄다 먹였다고 한다. 집집마다 하루 한 끼 해결하기도 힘들었던 시절에 홍삼을 매일 사다가 먹였다고 하니 얼마만큼 귀하게 키워졌을 아버지가 상상된다.

2. 이른 결혼

    할아버지 연세가 많으신 관계로 아무것도 모르는 철부지 아버지가 걱정돼 살림을 이끌어갈 사람으로 엄마를 눈에 콕 집어 후다닥 장가를 보냈다. 그때 엄마 나이 19세, 아버지 나이 16세 3살 연상의 여인을 아내로 맞았다. 그 시절 아버지도 엄마도 초등학교를 나왔어도 학문과 지식이 높은 편에 속했다. 아버지는 초등학교만 나와 할아버지에게 집에서 논어, 천자문 등 한자를 엄하게 교육받았다. 지금도 아버지는 셈과 한자에 강하고 엄마는 암기와 역사에 강하다. 어린 나이에 장가를 가 아무것도 모르는 모태 솔로인 아버지는 동네 어른들에게 성교육을 받았다고 엄마가 대신 말했다.

3. 자식만 5명

아버지는 나이가 젊어 둘째인 나를 낳고 군대를 갔다. 수많은 매질을 군대에서 당했지만, 사고 없이 제대했고 몇 년 동안 딸만 둘이었던 그에게는 맏딸인 언니가 삶의 목표였고 그녀에게만 올인했다. 그와 반대로 할머니는 유교 사상이 심하고 씨족 부락이던 마을인지라 아들을 낳지 못하자 혼자 안달복달했다. 세월이 지난 몇 년 후 그렇게 기다리던 남동생이 태어나자, 엄마도 심적 부담을 내려놨을 것이고 아버지도 내심 기뻐했으리라 생각된다. 내 기억에도 나와 5살 차이 났던 남동생은 아버지의 대를 이어 최고의 혜택을 누리고 살았다.

4. 아버지의 슬픔

어릴 때 신장 하나를 뗀 후부터 아버지는 농사일을 힘겨워했다. 하지만, 아이만 다섯이라 전진만 있을 뿐 일 보 후퇴란 절대로 있을 수 없는 일이었다. 점점 늘어가는 일에 아버지의 손가락이 휘어졌고 흐르는 세월만큼 그도 노쇠해졌다. 그러던 와중에 그토록 애지중지하고 아버지의 첫사랑이었던 맏딸이 사고로 죽자, 그 후부터는 술에 의지하며 지내는 날이 많아졌다. 아비의 서러운 마음 모두 헤아리지는 못해도 늘어가는 술병만큼 그의 마음도 아팠으리라! 말로 표현 못 한 채 혼자 속으로만 열병처럼 끙끙 앓았을 사람인지라 얼마나 고통 속에서 하루하루를 살고 있을지 생각만 해도 마음이 아프다.

5. 자식만 바라보는 아버지

항상 말없이 조용히 사는 울 아버지! 사회 물정, 세상 물정 하나도 몰라도 자식 사랑, 아내 사랑만큼은 끔찍하다. 자식들이 태어나 지금까지도 잔소리 한번 제대로 한 적이 없는 조용한 사람이다. 그리고 동네 사람들과 마찰이 생길까 싶어 말을 아끼고 오히려 피해 다니는 순수한 남자다. 남들은 아버지의 행동이 답답하다고 말할지 모르지만, 우리에겐 한없이 존경받을 소중한 사람이다. 아직도 농사짓느라 고생하는 아버지는 손가락 마디마디가 휘어졌고, 나이는 아직 젊지만, 겉모습은 80이 훌쩍 넘은 노인 같다. 아직도 시골집에 가면 사위가 나물 좋아한다고 고사리 뜯어 데쳐서 말리고 달래와 미나리, 냉이를 한 보따리 뜯어 다듬어 놓는다. *"아버지 제발 그렇게 안 해도 괜찮아! 우리가 가서 뜯으면 되는데 왜 힘든 일을 하고 그래?" "우리 황서방 좋아하니까!"* 단답형 대답 속엔 많은 의미가 들어있다. '아버지 오래만 살아 줘! 술 조금만 마시고'

NO.6
양 선

네이버 검색: 양선
블로그:
https://blog.naver.com/yesing30

여여나무연구소 대표, 여여나무연구소 출판사 대표
체질 직업전문가, 기획 프로그램전문가
독거노인 인터뷰 무료 전자책 출판 진행중
한국작가협회 이사겸 김해지부장, 한국자서전협회김해 지부장,
전자책, 공동저서, 장애인 전자출판,
재활 전문서적, 자서전 출판 전문,
병원동행 매니저 전문강의, 캔바/ 미니캔버스 전자책 전문강사
전자책, 종이책 기획포함 개인 시집 25권 이상
출판 현재 계속 진행 옴니버스 시리즈 1편부터
10편 주간 베스트셀러왕관 등극
부산진구봉사센터 캠프장 가야2동 6년차

섬세함과 강인함을 함께 가진 분

아버지는 보통의 남자보다 훨씬 섬세하셨다. 언뜻 여성적인 면모도 엿보였지만, 바라보는 것만으로도, 말씀 한마디에도 위엄이 느껴지는 가부장적인 분이셨다. 어린 시절에는 아버지가 하시는 모든 일이 신기하고 멋있게만 보였다. 그래서 늘 아버지의 좋은 점만을 기억하고 싶었다.

아버지의 작업실에는 커다란 기름종이가 상 위에 펼쳐져 있었고, 그 위에는 복잡한 그림들이 그려져 있었다. 마치 칸마다 정교하게 모양을 만들어 놓은 듯했다. 아버지는 연필, 자, 지우개를 쥐었다 놓았다 반복하며 그림을 그리고 지우기를 며칠간 되풀이하셨다. 그렇게 완성된 그림을 회사에 가져가실 때면 마치 근사한 집을 짓는 것 같아서 신기했다. 아버지는 당신이 "버스를 만든다"라고 하셨고, 그 말을 들은 나는 아버지가 더욱 멋져 보였다.

우리 동네는 부산진구였고, 아버지는 당시 (주)새한자동차 (현 대우자동차)에 재직 중이셨다. 기술부에서 자동차 제작과 감독을 맡고 계셨다. 점심시간쯤이면 나는 엄마의 심부름으로 아버지 도시락을 들고 회사로 향했다. 회사 바로 앞에 있는 식당에서 아버지는 늘 점심을 드셨다.

한 번은 아버지를 따라 회사 구경을 간 적이 있다. 온갖 기계와 공구들이 가득했고, 처음 보는 도구들은 어딘가 모르게 무서웠다. 하지만 그곳에서 일하시는 분들은 모두 멋져 보였다. 특히 아버지는 동료들과 의견을 나누고 지시를 내리는 모습에서 정말 대단하다고 느꼈다. 아버지께 "멋지세요!"라고 말씀드리면, 늘 환한 미소를 지어 보이시며 답해주셨다.

회사의 복지가 좋아 일 년에 한 번은 회사 버스로 해수욕장이나 여러 곳으로 가족여행을 떠났다. 아버지가 직접 운전하시는 모습은 그야말로 최고였다. 회사에서든 집에서든 아버지의 말씀은 곧 법이었다. 정리정돈을 특히 강조하셨는데, 물건이 제자리에 없으면 불같이 화를 내셨다. 어떤 물건이든 제자리에 없다고 생각되면 우리 자매는 일단 도망치기에 바빴다. 아버지의 표정에서 화가 가라앉으면 엄마가 우리에게 신호를 주셨고, 우리는 조심스럽게 얼굴을 내밀며 아버지 앞에 나타났다. 아버지는 마치 군인 같았다. 모든 것이 제자리에 있어야 했다. 어떤 물건이든, 마당이든 쉽게 찾을 수 있고 보기 좋게 정돈되어야 했다.

아버지는 공부를 좋아하셨다. 아침 일찍 일어나 EBS TV를 켜고 엄마와 함께 영어, 일본어, 한자 등을 공부하셨다. 아침 공부가 끝나면 식사하시고 하루 일정을 시작하셨다. 아버지는 엄마처럼 신문과 책을 손에서 놓지 않으셨다. 당시에는 학교나 직장 모두 토요일 늦게까지 공부하고 근무했는데, 일요일은 쉬는 날이었지만 회사에 출근하는 날도 많았다.

일요일에 시간이 나면 집 안 구석구석을 살피셨다. 전기를 비롯한 여러 가지를 점검하셨는데, 마치 회사 일을 하듯 집에서도 전기, 지붕, 가전제품, 라디오 등 고장 난 곳을 꼼꼼히 점검하셨다. 자매만 있어서 아버지를 도와줄 사람이 없었기에 내가 늘 보조 역할을 했다. 집에 필요한 것이 있으면 뚝딱 만들고, 자르고, 조여서 새로운 물건을 만들어내셨다. 아버지의 손은 마치 맥가이버의 손 같았다.

아버지만의 건강 비결은 따로 있었다. 규칙적인 식사와 운동이 그 비법이었다. 아침에 일어나면 5분 정도 간단하게 몸을 풀어주고 물을 마신 뒤 식사하셨다. 하루라도 빠지지 않는 식단에는 마늘과 양파가 꼭 포함되어 있었다. 함께 나가면 다른 사람들이 아버지를 보고는 실제 나이보다 훨씬 젊게 보았다. 타고난 동안이기도 하셨지만, 관리를 정말 잘하셨기 때문이다. 칠십이 넘으셨어도 남들보다 훨씬 젊어 보이셨고 정정하셨는데, 그 비결이 바로 마늘과 양파, 그리고 친정엄마의 자연식 반찬이었다.

어머니께서 돌아가시고도 십 년간 아버지는 마늘과 양파를 활용한 반찬을 직접 만들어 드셨다. 그때는 아버지의 요리 실력을 제대로 알지 못했던 것이 지금은 아쉽다. 칠십 대 초반, 갑자기 설암 판정을 받으셨다. 처음에는 단순한 감기에서 혀에 이상이 생겨 병원 진료를 시작하게 되었다. 처음에는 통원 치료를 받으시면서도 마늘, 양파, 두부 등 순수 친환경 음식을 드셨고, 가끔 추어탕이나 돼지 수육으로 식사하셨다. 한동안 괜찮게 진료를 받으셨지만, 점점 기력이 약해지면서 요양병원으로 입원하게 되셨다. 늘 양파와 마늘 반찬을 가져다드리면 잘 드셨다. 하지만 설암 판정 이후 치료가 힘들다는 것을 아시고 치료를 중단하셨고, 그 후 일 년 만에 생을 마감하셨다.

아버지와 좋은 기억만을 떠올리고 싶고, 사랑하던 기억을 간직하고 싶다. 하늘에 계신 아버지께 '감사하고 사랑해요'라는 말을 꼭 전하고 싶다.

NO.7
이 연 화

네이버 검색: 그림책과 함께
인스타 검색: lover_b00k

베스트셀러 작가
출판 저서: 『내 삶의 귀인』『내 삶의 감사일기』
『내 삶을 바꾼 질문』『내 삶의 터닝포인트』『우리 엄마는』,
『평범한 날들을 특별하게 만드는 글쓰기』
『반짝이는 여름의 조각』 공저 출간
한국그림책작가협회 회원, 그림책지도사, 한우리독서지도사
경기도사회복지사협회 회원
(사)한국동화구연지도사협회 회원
그림책작가: 『날아라, 민들레야』(관내도서관 배포용)
자이언트 백작 부족 작가 활동중
닉네임: 그림책과 함께

소나무 같은 우리 아빠

아빠는 3남 2녀 중 장남으로 태어나셨다. 올해로 여든다섯, 평생 가족을 위해 살아오신 분이다. 열아홉에 동갑내기 엄마와 결혼하셨다. 신혼의 시간도 잠시, 아빠는 나라의 부름을 받아 헌병대로 입대하게 되었다. 엄마는 홀로 시부모님과 시동생을 모시며 어린 나이에 살림을 도맡아야 했다. 그렇게 아빠와 엄마는 함께, 그러나 각자의 방식으로 책임을 감당하며 결혼 생활을 시작하셨다.

1. 소나무처럼 강인한 분

늘 조용하고 말수가 적은 아빠는 단단한 소나무처럼 묵묵하게 자리를 지키는 분이셨다. 어떤 바람이 불어와도 휘청이기보다, 그 안에서 더욱 뿌리를 내리는 사람이었다. 스무 살 되던 해, 할아버지가 세상을 떠나시고 집안의 가장이 되신 아빠는 할머니와 어린 동생들을 돌보며, 동시에 대가족의 가장으로도 삶을 책임지셔야 했다. 등에 짊어진 무게는 누구보다 컸지만, 한 번도 힘든 내색을 보이지 않으셨다. 아빠는 그런 존재인거라 생각했다. 하지만 그 무게가 얼마나 무겁고 고단했을지 어린 나는 알지 못했다.

2. 바람을 막아주는 우산

삶이 거세게 흔들릴 때마다 아빠는 조용히 우리 위에 우산이 되어

주셨다. 비바람이 몰아쳐도 "괜찮다"라는 말 한마디로 모든 것을 감싸안으시던 그 분. 아버지는 자식에게 짐이 되지 않기 위해 어떤 고통도 감내하셨다. 후두암과 식도암을 동시에 앓으시며 잇몸의 반 이상을 도려내야 했던 고통 속에서도, 힘든 항암 치료를 견디고, 오랜 시간 죽만 드시면서도 당신보다 자식들이 먼저였다. "아프다"라는 말조차 꺼내지 못했던 그 시간들, 우리는 아빠의 삶을 보며 '참고 견디는 힘'을 배웠다.

3. 성실함 그 자체

새벽이 되기 전부터 하루를 시작하던 아빠의 하루는 늘 분주했다. 땀 흘려 일하고, 다시 땀 흘려 돌아오던 그 모든 날이 쌓여 우리는 부족함 없이 자랄 수 있었다. 겉으로 드러내는 애정 표현은 서툴렀지만, 아빠의 사랑은 밥상 위에, 검은 봉지 속에, 농사를 짓고, 소를 키우는 손끝에 담겨있었다. 성실함과 묵묵함은 나에게 '부끄럽지 않게 살아야 한다'라는 삶의 태도를 심어주었다.

4. 나의 이상형

무뚝뚝하고 말이 없던 아빠였지만, 언제나 우리 곁을 든든히 지켜주는 사람이었다. 어릴 땐 조금 무섭기도 했던 아버지가, 지금은 내게 "사랑해"라는 말도 나누는 살가운 사이가 되었다. 아빠처럼 조용하지만 강한 사람, 책임감 있고 가족을 무엇보다 소중히 여기는 사람. 그래서일까. 나는 늘 아빠 같은 사람이 좋았다. 아빠는 나의 이상형이었다.

5. 무너질 때가 있었다

어느 날 아빠가 물으셨다. *"막내야, 지금도 계란 한 판 먹을 수 있니?", "아니, 어떻게 한 판을 먹어요. 입에서 닭똥 냄새 나겠구만."* 우리는 함께 웃었지만, 나는 문득 그날의 기억이 떠올랐다. 어릴 적 엄마가 삶은 계란 한 판을 삶아 오셨고, 식구들이 많아 금세 동이 났다. 그날 내가 했던 말이 아직도 아빠의 기억 속에 남아 있었다. 넉넉히 먹이지 못해 미안했던 아버지의 마음, 그 깊이를 나는 이제야 조금 알 것 같다.

6. 말없이 사랑을 보여주는 사람

우리 집은 늘 조용한 아버지의 기운으로 유지되었다. 소리 내어 화를 내는 법도, 칭찬을 아끼는 법도 배우지 않으신 분이지만 작은 행동 하나하나에 아빠의 사랑이 묻어 있었다. 말은 없었지만, 아빠는 누구보다 깊고 따뜻하게 우리를 사랑하셨다.

부족함 없이 자랄 수 있었던 건 모두 엄마, 아빠의 노력과 헌신 덕분이었다. 아빠는 늘 말보다 행동으로 삶의 진실을 보여주셨다. 지켜야 할 사람들을 지키기 위해 자신의 삶을 기꺼이 내어주신 분. 어릴 적엔 무섭기만 했던 아버지가, 이제는 내 마음 가장 깊은 곳에 따뜻하게 자리하고 있다. 아빠는 오늘도 내 삶의 기준이 되고, 나를 일으키는 힘이 된다.

"사랑하고 존경하는 아버지께!
오래오래 건강하게 우리 곁에 있어 주세요.
나의 아버지라서 감사합니다.
나의 영원한 이상형이자, 자랑스러운 아버지입니다.
진심으로 존경하고 사랑합니다."

NO.8
강 화 자

네이버 검색: 강화자 저자
블로그 검색:
https://blog.naver.com/kffh336

1인 기업가 공감 톡 브랜딩 대표
최고의 강사
꿈짱 코치 4050 직장인
책을 만나서 꽃 핀 내 인생 (전자책)
유튜브 채널 운영: 북소리꿈쌤

저서
『내 삶을 바꾼 책』『내 삶의 감사일기』『내 삶을 바꾼 질문』
『내 삶을 바꾼 습관』『내 삶의 터닝포인트』『내 삶의 건강 비결』
『우리 엄마는』베스트셀러 작가

우리 아버지의 상처와 기다림

　우리 아버지는 시골에서 농사를 지으셨습니다. 어릴 적 기억 속 아버지는 말수가 적고, 술과 담배를 좋아하셨고, 사랑을 장난으로 표현하시던 분이었습니다. 유난히도 수염이 많으셨던 아버지는 자식들 얼굴에 수염을 문질러 장난을 치곤 하셨지요. 그 수염의 까슬까슬한 감촉은 지금도 생생하게 기억납니다. 사랑한다고 말씀은 못하셔도 그런 장난 속에 따뜻한 애정이 담겨 있었습니다.

　나이가 들어 돌아보니 그 모든 순간이 '사랑'이었다는 걸 이제야 깨닫습니다. 봄이면 논밭을 갈고, 여름이면 땀으로 옷이 흠뻑 젖도록 일하셨고, 겨울이면 무와 배추를 거두는 일에 추운 새벽부터 나가셨지요. 차가운 바람이 옷 속을 파고들던 겨울날, 김 한 점 나지 않는 도시락을 싸 들고 밭으로 향하시던 아버지의 뒷모습을 평생 잊을 수 없습니다. 작은 몸짓 하나에도 삶의 무게가 느껴졌고 그 모습은 내 마음속에 늘 묵직한 감동으로 남아있습니다.

　아버지의 작은 즐거움은 낚시였습니다. 비가 오면 낚싯대를 둘러메고 동네 앞 저수지 둑에 앉아 계셨습니다. 때로는 그물망을 쳐서 가물치며 민물고기를 가득 잡아 오셨지요, 특히 투망을 던졌던 날은 물고기를 바구니 가득 담아 오셨고 그날 저녁이면 동네 아저씨들이 하나둘 우리 집으로 모였습니다. 엄마는 그 자리에서 생선 손질을 하고 고춧가루와 마늘, 갖은 채소를 넣어 무침을 만들어냈지요. 아버지는 막걸리 한 잔을 권하며 사람들의 웃음 속에서 흐뭇해하셨습니다. 정 많은 아버지는 그렇게 주변 사람들과 음식을 나누는 데서 기쁨을 느끼셨습니다. 아버지는 자식 사랑도 조용히 깊게 표현하셨습니다. 큰언니와 작은언니가 사회생활을 시작했을 때, 자식이 온다는 말만 들으면 아버지는 마을 앞 저수지 둑으로 가 한두 시간을 말없이 기다리셨습니다.

시골 버스에서 내리는 자식의 모습을 보기 위해 그토록 기다리셨지만, 종종 언니들이 약속을 지키지 못하곤 했습니다. 그럴 때면 아버지는 조용히 힘없는 발걸음으로 집으로 돌아오셨고, 그런 모습을 보는 저는 괜스레 언니들이 미웠습니다. 아버지는 그렇게 묵묵히 자식들을 기다리고 믿고 바라보셨습니다.

술에 취하신 날이면 옛날 노래를 구성지게 흥얼거리시고, 담배도 참 자주 피우셨습니다. 집안 가득 담배 냄새와 연기가 자욱해 숨쉬기 어려울 정도였지만 이제 와 돌아보면 그 모든 것이 아버지의 고단한 삶의 무게와 그림자였음을 알게 됩니다.

아버지는 자식들에 육성회비를 대기 위해 이집 저집 품을 팔며 열심히 일하셨고, 급한 성격이었지만 자식 앞에서는 언제나 다정하고 인자한 분이셨습니다. 화가 나셔도 꾹 참으시며 늘 자식들 편이 되어주셨지요.

어릴 적 겨울밤이면 식사 후에 아버지와 함께 민화투를 치던 기억도 나네요. 십 원짜리 내기하며, 웃고 떠들던 그 소박한 시간이 내게는 가장 따뜻한 가족의 모습으로 남았습니다. 아버지는 바깥에서 노름은 절대 하지 않으셨지만, 가족들과 함께하는 놀이에는 누구보다 즐거워하셨습니다. 아버지의 오른손 엄지와 검지는 작두에 잘려있었습니다. 어릴 적 소 밥을 썰다가 다치신 손이었지만, 그 손으로 평생을 일하셨습니다. 오른손 엄지는 손톱이 잘리고, 검지는 손가락을 제대로 펼 수도 없을 정도로 심하게 잘려 있었습니다. 그 이후로 일상생활에서 많은 불편함을 겪으시는 모습을 보며 어린 마음에 너무나 마음이 아팠습니다.

아버지의 손은 말이 없었지만, 모든 것을 말해주는 손이었습니다. 고생한 세월, 묵묵한 사랑, 책임감, 그리고 자식들을 향한 한없는 마음이 그 손에 고스란히 담겨있었습니다.

그렇게 평생을 살아오신 아버지는 결국 폐암으로 힘겹게 병상에 누우셨고, 오랜 고통을 견디시다 돌아가셨습니다. 벌써 10년이 넘는 시간이 흘렀습니다. 그런데도 아버지를 떠올리면 여전히 눈시울이 붉어집니다. 아버지가 돌아가시던 계절은 한여름 삼복더위였습니다.

사실 저는 엄마보다 아버지가 더 좋았습니다. 그 조용한 사랑, 기다림의 시간, 장난기 어린 수염, 낚싯대 하나로 저를 웃게 했던 그 모든 순간이 아버지였습니다. 지금도 가끔은 아버지가 앉아 계시던 저수지 둑을 떠올립니다. 누군가를 기다리며 추위 속에서도 한없이 따뜻했던 그 자리가 아버지 사랑입니다. 이 글을 쓰는 지금 아버지를 다시 만난 기분입니다. 가슴 깊이 간직했던 그리움이 문장을 타고 흐르고, 잊었던 장면들이 하나하나 떠오릅니다.

아버지, 남기신 시간은 제게 너무도 큰 선물이었습니다. 우리 아버지가 보고 싶습니다. 사랑합니다. 아버지의 따뜻한 사랑 덕분에 저는 오늘도 살아갑니다.

NO.9
김미옥

블로그:
https://blog.naver.com/k960722-

사회복지법인 제주공생 희망나눔종합지원센터 센터장
한국사회복공제회 대의원
2022년 5월 31일 전안나작가와의 만남과
'하루 한 권' 책 읽기 결단
2022년 8월 10일 네이버 블로그 개설(예비작가 Kim)
사회복지사 1급, 약물중독전문가 2급, 독서지도사자격

옴니버스 인생 책 쓰기 2편~12편
『내 삶을 바꾼 책』『내 삶의 산전수전』『내 삶의 귀인』
『내 삶의 감사일기』『내 삶을 바꾼 질문』『내 삶을 바꾼 습관』
『내 삶의 터닝포인트』『내 삶의 버킷리스트』『내 삶의 건강 비결』
『우리 엄마는』『우리 아빠는』 참여

아부지가 차려준 밥상

　내 휴대폰 연락처에는 아빠를 '아부지'라고 저장해 두었다. 우리 아부지는 올해 86세이다. 재작년 12월 말, 55년을 함께했던 엄마를 먼저 하늘나라로 보내드리고 지금은 혼자 지내고 계신다. 비교적 가까이 사는 셋째 딸의 보살핌을 받으며 스스로 일상생활을 잘 유지하고 계신다. 엄마 살아생전에는 식사 준비에 전혀 손대지 않으셨지만, 엄마 투병 중 어깨너머로 전기밥솥에 밥 짓기, 세탁기 돌리기를 직접 해보시면서 겨우 밥 짓고 빨래하는 수준이 되셨다. 엄마 없는 빈자리의 가장 큰 애로사항은 역시 반찬 만드는 일이다. 그 부분은 여전히 젬병이시다.
　내 유년 시절, 아부지는 늘 세 딸의 머리를 빗겨주고 아침 등교 시 도시락을 쌀 때는 엄마를 도왔다. 어느 날은 막내 여동생의 머리를 곱게 빗기고 당신의 포마드를 발라 단정하게 마무리하기도 했다. 그러나 구순을 앞둔 아부지는 당신이 주도적으로 주방에서 반찬을 만드는 일은 전혀 해보지 않으셨다.
　음식 만들기를 제외한 가정생활에서는 남녀 가릴 것 없이 가사 일을 늘 협조했던 기억이 지금도 생생하다. 식탁에서 식사를 먼저 마치면 늘 엄마 옆에 물을 떠다 주고, 당신이 드신 빈 그릇은 싱크대 설거지통에 가져다 놓는 것은 물론, 청소기를 돌리는 것도 자연스러운 일이었다. 심지어 우리 세 자매의 생리용품까지 세심하게 챙겨주시기도 했다. 세 자매가 고등학교를 졸업할 때는 성인이 된 것을 축하하며 목걸이를 선물하기도 하셨다. 지금도 나는 38년 전 아부지가 선물한 18K 목걸이를 내 애장품으로 착용하고 있다. 아마도 친정엄마와는 영원히 함께할 수 있을 거로 생각했을까? 요리 솜씨 좋은 엄마의 반찬 만들기를 차마 넘보지 않으신 모양이다.

친정엄마가 2년여 암 투병하시다 끝내 혼자가 된 후, 자식으로서 가장 마음 불편한 것이 혼자 드시는 식사이다. 냉장고 반찬통에서 대강 꺼내어 드시는 아부지의 밥상이 늘 마음에 부담이 되었다. 세 딸은 반제품 식료품과 밀키트, 간식거리를 보내 드리지만, 그마저 내키지 않아 하신다. *"입맛이 없고 양이 줄었다"*라는 말씀만 연거푸 하신다. 이런 상황에서 친정집에 들를 때마다 '친정엄마가 없는 친정집은 친정이 아니다'라는 생각이 들곤 한다.

지난 5월 아부지 집에 방문한 뒤, 한 달 뒤 6월 출장길에 들렀다. 내가 친정에 도착한 시간은 저녁 식사 시간을 훌쩍 넘긴 시간이었다. 아부지는 늦어지는 큰딸을 기다리며 밥상을 차려 놓고 있었다. 반제품 육개장에 콩나물과 대파, 계란을 추가하여 아부지만의 특급 육개장을 끓이셨다. 갓 지은 하얀 쌀밥, 묵은지 같은 김장김치, 막내딸이 가져온 부추김치, 곱창김, 달래장이 전부였다.

또한 과일 좋아하는 큰딸을 위해 아껴둔 블루베리 한 통과 방울토마토, 참외까지 살뜰하게 디저트로 준비하셨다. 이렇게 차려진 아부지 밥상을 받고 보니 감회가 새로웠다. 마음 한구석은 짠했지만, 구순을 앞둔 노부의 밥상을 받고 보니 나도 이제 예순을 바라보지만 어쩔 수 없는 아부지의 딸이었다. 그 저녁도 언제나처럼 엄마에게 하듯이 물 한 컵을 내 밥상에 가져다주셨다.

아마도 이것이 아부지의 사랑법일 것이다. 밥상을 물리며 생각에 잠겨 본다. 아부지의 일생을 되짚어 본다. 아부지는 할아버지 얼굴도 기억 못 한다고 들었다. 바로 위 형님을 아부지처럼 의지하며 홀어머니 밑에서 성장하셨다. 그야말로 산전수전 다 겪고 자수성가했지만, 지나친 과욕으로 60대 중반의 나이에 모든 것을 잃고 말았다. 그 여파로 새로운 삶을 살아야 했음에도 끝까지 희망의 끈을 놓지 않고 여기까지 올 수 있었다.

아부지는 늘 베풀기를 좋아했고, 언제나 한결같이 부지런하고 믿음 안에 있었다. 내가 아부지에게 물려받은 것은 믿음과 성실함이다. 알람도 없이 새벽 미명에 기상하여 성경책을 서너 장 읽고 새벽예배를 시작으로 하루를 시작하는 새벽형 인간을 실천하셨다. 나도 자연스럽게 일찍 자고 일찍 일어나는 생활 습관이 나의 큰 자산이 되었다. 바라기는 아부지의 남은 삶이 늘 평안하기를 기도한다.

아부지가 차려준 처음이자 마지막일 수도 있는 밥상을 기억하며, 새벽 미명 그 옛날 아부지가 기도해 주셨던 것처럼 이제는 내가 아부지를 위해 기도한다.

NO.10
차에스더

유튜브:
샬롬SL TV [010-3860-0605]
이메일: goodcbm@hanmail.net

예은마음상담 치유연구원 소장

지저스 예술선교연구원 학장/교수

전인치유상담 연구원 학장/교수

상담심리치료학회 이사 [대신대학대학원목회,신학명예박사]

온누리칭찬학교 학장/교수

칭찬신문 기자, GOODTV 선교기자

한국열린사이버대학 사회복지학과 특임교수

CTS 시니어모델

주님의교회 담임목사 (백석)

저서: 『내 삶의 좌우명』 『절망에서 부르심으로』
『내 삶의 버킷리스트』 『예수님의 제자를 세우는 길 위에서』
『내 삶의 건강 비결』 『우리 엄마는』

아버지를 이해하게 된 은혜
딤전 5:1을 삶으로 살아내며

1. 아버지의 어린 시절

내 아버지는 경남 합천군 청덕면의 작은 시골 마을에서 5남 1녀 중 막내로 태어나셨다. 그 시절 농촌은 넉넉함과는 거리가 멀었지만, 사람들 사이의 정과 끈끈한 유대가 있었고, 아버지는 그런 공동체 속에서 자라셨다.

막내였던 아버지는 사랑을 많이 받으셨지만, 동시에 형들보다 책임감과 인생 준비가 덜 되어 있었다. 어린 시절부터 노동에 내몰리며 '하고 싶은 것'보다는 '해야 할 것'에 익숙해졌던 아버지는, 내면의 외로움과 결핍을 말 대신 침묵으로 지켜내셨다.

나는 이제야 생각한다. 막내로 태어나 기댈 어깨는 많았지만, 정작 자신의 마음을 기대어 털어놓을 곳은 없었던 그 시절 아버지의 마음을. 웃는 얼굴 뒤에 감춰진 쓸쓸함을 나는 오랜 시간이 흐른 뒤에야 비로소 느끼게 되었다.

2. 결혼 후의 삶

아버지는 어머니와 가정을 이루셨지만, 행복했던 시작이 오래가지 못했다. 농사일 중 허리를 크게 다치신 후, 육체노동이 어려워지면서 점점 삶의 중심을 잃어가셨다. 아버지를 기다리고 있었던 건 회복이 아닌 '도박'이라는 유혹이었다.

밤새 화투를 치고 돌아오지 않는 날이 많아졌다. 도박은 단순한 습관이 아니라 삶을 피하는 방식이 되었고, 가족이라는 책임은 점점 뒷전으로 밀려났다.

　어머니는 여섯 자녀의 생계를 책임지기 위해 온갖 허드렛일을 하셨다. 장녀였던 나는 일찍 철이 들었고, 아버지를 향한 실망과 원망은 어린 마음에 깊이 새겨졌다.

　경제적으로 무능했던 아버지, 늘 어머니를 고생시켰던 모습은 내 마음속에 '가까이하기엔 두려운 사람'으로 남았다. 그때 나는 알지 못했다. 아버지가 얼마나 깊은 내면의 상처 속에서 방황하고 계셨는지를. 그분의 침묵과 무관심 뒤에 숨겨진 아픔을 나는 읽어내지 못했다.

3. 위암으로 세상과 이별하다

　그렇게 세월은 흘러, 아버지는 위 궤양성 암이라는 진단을 받으셨다. 수년간의 불규칙한 식사, 밤샘 도박으로 망가진 몸은 회복되지 않았다. 병세는 빠르게 악화되었고, 긴 투병의 시간 동안 아버지는 점점 말라가셨다. 병상에 누워 계신 아버지를 보며 나는 묘한 감정에 휩싸였다.

　고통 속에 있지만 조용히 견디시는 모습, 때때로 나를 바라보며 보이시던 그 눈빛. 말은 없었지만, 나는 그 눈빛이 용서를 구하고 있다는 걸 느낄 수 있었다. 그러나 너무 늦은 순간이었다. 우리는 서로에게 마음을 열기엔 이미 오랜 시간이 흘렀고, 아버지는 그렇게 조용히 이 세상과 이별하셨다.

　마음 한편에 후회가 남았다. '그때 조금 더 따뜻하게 대해드릴 걸…', '한 번이라도 먼저 손을 잡아드렸더라면…' 그 미완의 감정은 나의 심령 깊은 곳에 남아있었다.

4. 하나님을 만난 후, 아버지를 용서하다

하나님을 인격적으로 만나기 전까지 나는 아버지를 이해하지 못했다. 그러나 복음을 알고, 은혜를 체험한 뒤 나는 달라지기 시작했다. 십자가 앞에서 나도 용서받은 자라는 사실을 깨닫는 순간, 아버지도 똑같이 연약한 한 인간이었음을 이해하게 되었다.

그분은 완벽하지 않았고, 오히려 실패한 인생처럼 보였지만, 그 삶조차 하나님의 손안에 있었음을 고백하게 되었다. 내 안의 분노는 눈물로 씻겼고, 회한은 감사로 바뀌었다.

그리고 나는 결단했다.

'딤전 5장 1절 말씀을 삶으로 살아내리라.'

"늙은이를 꾸짖지 말고 권하되 아버지에게 하듯 하고…"

이제 나는 내게 주어진 사명을 따라 이웃 어르신들을 섬기며 살아가고 있다. 버스정류장에서 떨고 계신 할아버지 손을 잡아드리고, 병원 대기실에서 길을 잃은 어르신을 도와드릴 때마다 나는 마음속으로 속삭인다.

"아버지… 지금 제가 당신을 섬기고 있어요."

아버지를 이해하게 된 것은 내 삶의 가장 큰 은혜였다. 그분의 인생은 상처로 가득했지만, 그 상처를 통해 나는 하나님의 사랑을 더 깊이 알게 되었다. 목회자로서, 장녀로서, 하나님의 딸로서… 나는 오늘도 '또 다른 아버지들'을 품고 살아간다.

2장

가장의 무게

11. 김현숙
가장의 무게

12. 장예진
새벽을 여는 아버지의 가르침

13. 박정순
내 마음속 가장 따뜻한 계절

14. 김지현
이제야 아버지를 이해합니다

15. 한준기
정말 열심히 사셨다

16. 박보라
아버지의 시간과 나의 기억

17. 한기수
바보 같은 아버지, 존경하고 사랑합니다

18. 정태호
수방취원(隨方就圓)의 우리 아빠

19. 최세경
들꽃 같은 아버지

20. 이성희
한쪽 다리로 생명을 주신 분

NO.11
김현숙

이메일: khs6901@naver.com
인스타: berry_jjam3

그림책 프리랜서강사
늘봄 '창의독서' 강사
"미리네야" 미디어강사
의정부 교육지원청 소속 "책보" 대표 역임
저서(공저): 『내 삶의 버킷리스트』『내 삶의 건강 비결』
닉네임: 딸기잼

가장의 무게

'하늘이 낸 효자'란 말이 있다.

타인의 시선으로 볼 때는 본받을 만하고 존경스러운 사람이다. 그러나 그 효자와 사는 가족들의 고충은 말로 표현할 수 없다. 타인이 볼 때는 '법 없이도 사는 사람'이지만, 가족이 볼 때는 속없는 사람 바로 우리 아버지다.

좋아하는 여자는 부모의 반대로 같이하지 못했고, 어느 날 부모님의 뜻에 따라서, 스승님의 외손녀와 원치 않는 맞선을 보고 결혼을 했다. 결혼 첫날밤을 지내고 아침 문안에서 부친의 첫 마디는 *"안사람을 잘 다스려야 하며 말을 안 들을 때는 때려서라도 길을 들여야 한다"*라는 충고였다.

시골에서 우물 안 개구리로 살던 아버지는 군대라는 곳에서 새로운 문화와 지식을 배우게 되고 넓은 세상으로의 도약을 생각하며, 월남 파병에 자원하셨다.

내가 어릴 적 가끔 아버지께서 전쟁터에서의 생활을 회상하시며 우리에게 이야기해 주셨다. 작전에 나가서 지뢰를 밟고도 다친 곳 없이 목숨을 건진 이야기, 베트콩들의 포위망에서 기적적으로 벗어난 이야기 위문 공연을 왔던 연예인 이야기 등 앨범을 펴놓고 전쟁터 이야기하시는 아버지의 얼굴에는 뿌듯함과 자랑스러움이 가득했다.

매년 여름에는 우리 네 남매를 데리고 한탄강으로 철엽을 가시기도 하셨다. 커다란 솥에 김치와 채소, 국수와 쌀 등을 넣어 보자기에 싸서 엄마가 머리에 이고 언니와 나는 어린 남동생들의 손을 잡고 덜컹거리는 버스를 타고 두 시간 가까이 가서 내리면, 앞장서 가시는 아버지를 따라 다시 30분 정도 더 걸어가서 도착하는 그곳 한탄강이다.

엄마는 주변 큰 돌을 주워다가 솥을 걸 아궁이를 만들고 강물에 쌀을 씻어 밥을 하신다. 아버지는 족대를 들고 물에 들어가 고기를 잡으시고, 동생들은 그런 아버지를 따라 물놀이하고 언니와 나는 엄마를 도와 식사 준비하던 그 시절이 지금은 추억이 되어 가끔 그리워진다.

대도시에서의 여섯 식구를 부양해야 하는 생활은 아버지에게 아주 힘드셨던 것 같다. 그럼에도 엄마의 경제활동을 반대하시고, 본인의 힘으로 모든 것을 책임지려 하셨다. 그런 와중에 할아버지께서 대장암 판정을 받고 대수술하시면서 빚이 생기고, 날이 갈수록 가정경제는 점점 더 어려워져 갔다. 결국 할아버지가 돌아가시면서 아버지께서는 어머니와 어린 동생의 생계마저 책임지게 되었다. 엄마는 시골의 땅을 팔아 빚을 갚고 살림을 합치자 하셨으나 할머니께서 반대하시고, 아버지는 엄마에게 시골로 내려가자 하셨다.

어머니는 우리들의 교육 문제로 귀경을 반대하셨고, 점점 지쳐 가시던 아버지는 아내와 어머니 사이에서 힘들어하시다가 결국 할아버지의 조언에 따라 말 안 듣는 아내를 때리기 시작했다.

가정 경제는 점점 더 어려워지고, 한탕주의에 빠진 아버지는 도박을 하게 되었고, 그날 벌이를 다 잃어버린 날에는 술에 만취해 귀가하여 복 없는 년이라며 엄마와 우리에게 그 화풀이를 하셨다. 할머니는 복 없는 년이 들어와서 할아버지가 일찍 돌아가셨다며 아버지를 볼 때마다 우셨고, 그럴 때마다 아버지는 빚을 내서 할머니에게 돈을 드렸다.

그렇게 30년을 맞고 사신 어머니는 할머니가 돌아가시고 아버지의 폭력에서 어느 정도 벗어나셨지만, 이미 몸과 마음은 만신창이가 되어 있었다.

아버지는 시골의 땅을 처분하고 빚을 갚고 남은 돈으로 개인택시를 시작하셨다. 그렇게 가정이 평안해지려나 했지만, 자녀들이 독립한 집에서 두 부부의 다툼은 계속되고, 30년을 이어온 아버지의 폭력은 이제 습관이 되어 엄마의 생명을 위협하게 되었다. 우리 네 남매는 아버지로부터 엄마를 지키려 노력했고, 시간이 지남에 따라 아버지 스스로 폭력을 멈추시고 대화하려 노력하셨다.

연세가 드시면서 아버지의 건강이 점점 안 좋아지시더니 끝내 간경화증으로 고엽제 피해 판정을 받으셨다. 나이가 드시면서 갑상샘암과 간암 판정을 받으셨고, 병원에서 환자 상태가 수술할 수 없다며 약물치료만 가능하다는 진단이 떨어졌다. 노인들은 암 진행이 속도가 느리니, 이제부터는 먹고 싶은 것 다 먹고 하고 싶은 것 다 하면서 삶을 즐기라는 의사의 권고가 있었다. 요즘 우리 아버지는 90을 바라보는 연세에 몸에 두 개의 암을 데리고 해외여행을 다니며, 인생의 끝자락을 즐기며 멋진 삶을 살고 계신다.

NO.12
장 예 진

이메일: cosmos9377@hanmail.net
유튜브: 장예진TV
전화: 010-2449-9377
블로그:
https://m.blog.naver.com/jso0426/222466689265

휘게 심리상담센터 대표
보육교사, 사회복지사, 평생교육사, 다문화교원 자격증
상담심리 치료 박사(PHD), 미술치료사 심리검사 전문가
1급상담심리 치료사, 언어 치료사
애니어그램 상담 강사 성폭력 상담 전문가
가정폭력 상담 전문가 학교폭력 상담 전문가
갈등조정 상담사 이마고 부부 상담사
인성지도사 1급 독서 논술 지도사
저: 『무심에서 감성으로 감성 시집』(공저)
  『쪼가 있는 사람들의 결단』(공저)

새벽을 여는 아버지의 가르침

어린 시절, 우리 부모님은 내 삶의 가장 큰 스승이었다. 엄마는 언제나 내게 세 가지 특별한 주문을 들려주셨다. *"착한 딸 최고야!"*, *"괜찮아!"*, *"잘할 수 있어!"* 그 말씀들은 마치 마법처럼 어떤 어려움 속에서도 나를 일으켜 세우는 힘이 되었다.

우리 아버지는 새벽 5시에 일어나 매일 6시에는 찬물 냉수마찰을 했다. 단 하루도 거르지 않는 그 습관은 내게 규칙적인 삶의 중요성을 몸소 보여주는 듯했다. 우체국에서 충주 법원으로 옮겨 은퇴한 아버지는 85세까지 법무사 사무실을 운영하며 활기찬 노년을 보냈다. 92세까지 건강했지만, 고관절을 다친 후 2년여를 침상에 누워 보냈고, 결국 94세에 우리 곁을 떠났다. 평생 건강했던 아버지가 다리 부상으로 돌아가셨다는 소식을 제주도 여행 중에 듣고, 급히 서울 장례식장으로 달려갔지만, 마지막 인사를 제대로 나누지 못했다.

우리 장씨 집안은 대대로 자손이 귀한 집안이었다. 아버지는 양반 집안의 2대 독자로, 예절을 엄격하게 지키셨다. 외출할 때마다 절을 해야 했으니 쉽지 않은 환경이었다. 이런 엄격함에 언니는 사춘기를 심하게 보낸 것 같다. 내가 어릴 적, 아버지가 우체국장으로 계실 때는 매일 도시락을 들고 우체국으로 향했다. 아버지는 집안에서 한 번도 큰소리를 내지 않고 언제나 조용하고 차분한 분이었다. 그분의 침착함은 혼란 속에서도 우리 가족을 지탱하는 든든한 기둥이었다.

어느덧 나도 70대가 되었다. 살아오면서 다섯 번의 큰 고비를 넘겼지만, 지금 이렇게 살아있음에 감사하고, 함께 책을 쓰고 있음에 보람을 느낀다. 공저로 함께 책을 쓰는 이 과정은 내 일상을 행복한 일상으로 바꾸어 놓았다. 나는 아침에 눈을 뜨는 순간부터 감사함으로 하루를 시작한다. '오늘'이라는 말은 모두에게 주어진 공평한 선물이다. 나는 지금도 이 단어가 날마다 새롭고 경이롭게 다가온다.

뉴스에 보도되었던 사건을 겪으며 물질적인 풍랑을 만났고, 사람들에게 씻지 못할 마음의 상처도 많이 받았다. 하지만 글쓰기는 내 삶을 바꿀 수 있는 중요한 계기가 되었다. 상담사로서 찾아오는 고객들이 있어 하루하루 보람을 느낀다. 모진 질병을 극복하며 살아가는 하루하루가 내게는 더욱 소중하다.

나 때문에 수고하고 마음고생하는 딸 덕분에 내가 회복될 수 있었다. 하버드대 교수 자리마저 포기하고 곁에서 나를 지켜준 딸에게 때론 미안하고 마음 아플 때도 있지만, 그 사랑에 감사하며 산다. 내 질병이 온 가족의 걸림돌이 되지 않으려 많이 조심하고 노력한다. 책을 많이 읽고 쓰다 보니 잃어버렸던 나 자신을 회복하는 계기가 되었다. 심리상담을 진행할 때마다 다른 아픔들을 맞이하지만, 말 한마디로 위로와 격려를 해줄 수 있음에 보람 있고, 감사한다.

이 세상에서 긍정적인 격려보다 더 큰 능력은 거의 없다. 따뜻한 미소, 희망적인 한마디 말, 그리고 난관에 부닥쳤을 때 들려주는 *"너는 할 수 있어!"*라는 응원. 최고의 놀라운 발견은 바로 언어의 힘이다. 그래서 사람들이 나를 '언어 성형사'라고 불러주는 게 감사하다. 말조심이라는 아버님의 가르침을 늘 새긴다.

아버지가 내게 다정하게 해주셨던 말들이 마음속에 늘 자리 잡고 있었기에 어떤 절망적인 상황이 닥쳐와도 좌절하지 않고 극복하며 살아올 수 있었다. 남편 또한 위기 때마다 내게 힘이 되는 말을 해주었다. *"괜찮아요!", "잘할 수 있어요!", "걸을 수 있어요!", "당신은 반드시 해낼 수 있어요!", "더 좋은 일이 있을 거예요."* 그의 격려와 응원 덕분에 내가 지금까지 살아있다고 해도 과언이 아니다.

예상치 못한 삶이 되었을지라도, 나는 그 속에서 잘 인내하고 견뎌내며 책 속에 잠수하듯 살아왔다. 스트레스로 인한 질병이 나를 억압해 왔지만, 마음과 생각을 바꾸고 차분하게 나 자신을 다독이며 극복해 나간다. 절망할 수밖에 없는 환경을 희망의 삶으로 바꿔놓고 보니, 스스로에게 *"예진아! 잘 극복하고 있는 거야! 잘했어! 수고했어!"* 라고 격려하며 하루하루를 살아간다.

남편 역시 전화를 걸 때마다 *"여보 사랑해요"* 를 먼저 말한다. 그때는 감사하다고 대답해 주지 못했지만, 이제 책을 쓰다 보니 뒤늦게 미안함이 밀려온다. 교통사고로 죽음의 문턱까지 갔다가 이틀 만에 눈을 떴지만 몸을 움직일 수 없었던 나를, 남편은 1년 동안 한 번도 짜증 내지 않고 *"당신은 걷게 될 거야!"* 라고 격려해 주었다. 아들딸과 함께 걸음마 연습을 시켜주고, 표현 못 할 때도 돌봐주었다.

어려서부터 부모님께 듣고 자라서인지, 남편도 내게 언제나 아버지처럼 다정하게 말한다. 우리 아버님에 대한 글을 쓰다 보니, 남편 또한 자녀에게 우리 아버지처럼 말하고 행동하며 살아왔다는 것을 깨닫게 되었다. 70대인데도 "당신은 소중한 사람이에요. 꼭 회복될 거예요"라고 말해주는 남편이 있어 힘을 얻는다. 아파서 고생했지만, 이렇게 책을 쓰면서 감사한 마음에 눈물이 흘러내린다. '아버지'라는 글쓰기 제목 덕분에 나 자신과 삶을 깊이 돌아볼 수 있었다.

NO.13
박 정 순

이메일: jstaman501@naver.com

한국코치협회 KPC코치
멘토지도자협의회 회원
『삶은 여행처럼』공저 외 4권
분노조절코칭 코치
AI 북크리에이터

내 마음속 가장 따뜻한 계절

묵묵한 사랑, 따뜻한 기억

'묵묵함'과 '따뜻함', 아버지를 떠올리면 가장 먼저 떠오르는 단어다. 말수가 적어 조용했지만, 항상 따뜻한 시선으로 든든하게 우리 가족을 감싸안았던 사람이었다. 그런 아버지가 오늘은 유독 그립다. 더욱이 비까지 오고 있으니, 우산 들고 아버지가 퇴근하는 길목에 서서 기다린 어린 날의 나도 눈앞에 선하다.

이토록 나를 감성에 젖어 들게 하는 아버지는 초등학교에 입학하던 날 예쁜 옷을 미리 사놓았다가 그날 입게 해주었고, 주사 맞는다고 겁먹은 날 위해 뻥튀기를 손에 쥐여주었고, 돌아오는 길엔 국화빵을 사주기도 했다. 작고 소박하지만, 그런 표현이 당시에는 나를 힘 나게 하는 사랑이었고, 이제는 나를 지탱해 주는 따뜻한 추억이 되었다.

한번은 아버지가 꿈에 나타났다. 온갖 과일이 자라고 있는 풍경 속에서 엄마와 나란히 앉아 평온한 미소를 짓고 있었다. 마치 *"나는 잘 지내고 있으니, 편안한 마음으로 살다가 천국에 오너라"* 라는 무언의 메시지 같았다.

사랑 안에 담긴 바람

　이렇게 하늘나라에 가서도 자식 걱정하는 아버지는 살아생전에도 우리 네 남매를 끔찍이 여겼다. 늘 변함없는 사랑을 주면서도, 공부 앞에서 엄했던 걸 보면 느낄 수 있다. 아버지의 뜻에 따라 열심히 공부했던 언니와 나는 무척 아꼈지만, 그보다 여유를 부린 오빠들에게는 잔소리를 놓지 않았다. 아마도 자식을 올바르게 키우고자 했던 마음이 아니었을까 한다.

　특히 아버지는 어려운 가정 형편 탓에 곧장 대학 진학을 하지 못하는 나에게 등록금 걱정하지 말고, 대학에 가라고 이야기했으니, 누구보다 우리가 잘되기만을 바라고 또 바란 한 사람이라고밖에는 설명할 수 없다. 물론 나는 아버지의 도움 없이 대학 4년을 무사히 마쳤지만, 그때 내 마음을 알아준 아버지의 한마디는 평생 잊을 수 없는 지지가 되었다.

그리움 속에서 피어난 삶의 이유

　이렇듯 아버지만 생각하면, 따스한 감정이 먼저 올라온다. 오빠들에게는 호랑이 같았지만, 딸에게는 한없이 부드러웠던 덕분에 내 어린 시절은 언제나 햇살 가득한 계절처럼 느껴진다. 또 그 고운 기억들이 나를 살아가게 하는 동력이 되고 있다.

이런 아버지는 75세에 우리 곁을 떠났다. 매번 같이 성당에 다니자고 하면, *"나중에 좀 더 나이 들면 성당에 갈게"*라고 하다가 운명 직전에 작은오빠의 권유로 종부성사를 받으며, 신부님의 손을 잡고 눈을 감았다. 이마저도 얼마나 다행스러운지 모른다. 나뿐만 아니라 우리 네 남매가 당당하고, 건강하게 살아갈 수 있는 이유가 되고 있으니 말이다.

여전히 사랑을 듬뿍 준 아버지에게 더 잘하지 못한 게 아쉬움으로 남지만, 이로 인해 더 열심히 살아야겠다는 마음이 드는 것도 사실이다. 오늘도 나는 이토록 그리운 아버지가 있는 하늘을 올려다보며, 조용히 고백해 본다.

"아버지, 감사합니다. 사랑합니다.
그리고… 정말 보고 싶습니다."

NO.14
김 지 현

네이버 검색: 마음나라연구소

마음나라연구소 대표
사회복지학 박사
한국그림책문화예술협회 인천지회장
SP교육연구소 수석연구원
그림책감정코칭지도사
노인그림책긍정심리지도사
긍정심리인성지도사
옴니버스 인생 책쓰기 공저 작가

이제야 아버지를 이해합니다

아버지는 군 복무 시절 할아버지의 사주단자로, 얼굴 한번 보지 못한 어머니와 결혼했고 1남 4녀의 아버지가 되셨다. 내 기억 속의 아버지는 새하얀 머리카락과 하얀 피부를 가진 멋쟁이 할아버지다. 소금으로 이를 닦았고, 술을 마실 때와 마시지 않을 때의 모습이 너무나 달랐다. 할아버지의 강요로 제대 후 고향으로 온 아버지는 농부가 되셨다.

힘든 농사를 달래주는 것이 술이라 생각했는지 술을 많이 드셨다. 몸을 가눌 수 없을 만큼 술을 마시고, 술이 깰 때쯤 또 술에 취하셨다. 술을 마시면 평소와 다르게 말씀이 더 많아지셨고, 목소리는 더 커지셨다. 건강 문제로 수술도 여러 번 했지만, 수술 후에도 술을 드시는 일은 반복되었다. 점점 더 술을 드시는 날은 많아졌다. 나는 깜깜한 밤 혼자 무서움에 벌벌 떨며 술 심부름을 자주 다녀왔다.

술 심부름보다 더 무섭고 두려웠던 것은 술에 취한 아버지의 큰 소리였다. 어린 나는 술로 인해 달라지는 아버지를 이해할 수 없었다. '술이 사람을 먹는다'라는 말을 실감할 수 있었다. 성인이 된 지금은 아버지를 이해할 수 있을 것 같다. 하고 싶은 일을 하지 못하고, 아무도 하지 않은 일을 해야 했고, 아버지 자신의 목소리를 내기 힘들었던 그 시절의 아버지이기 때문이다. 아버지의 마음을 어떻게 전달해야 할지 몰랐고, 가족 사랑을 어떻게 표현해야 할지 몰랐기에 그 답답함을 술에 의존해서 견뎌내고 있었다는 생각이 들었다.

아버지는 자식들에게 칭찬도 인색하셨다. 졸업식에 한 번도 오지 않으셨다. 하지만 술 한잔 드시면 사소한 것이라도 온 동네 떠나갈 듯 큰 목소리로 자식 자랑을 하셨다. 덜컹거리는 버스 안은 온통 아버지의 목소리였고 버스에서 아버지를 만나면 너무 부끄러워 아버지를 못 본 척했다. 상견례 하는 날은 아버지가 술을 드시고 실수를 하실까 봐 마음이 조마조마하고 걱정되기도 했다. 내 마음속에 아버지는 불안으로 자리 잡고 있었던 것 같다.

아버지를 생각하면 죄송스러운 마음이 많다. 먼 여행을 가시는 날 가족이 함께하지 못했다. 요양원에 계셨던 아버지는 갑작스러운 심장마비로, 병원으로 이송되었지만 홀로 여행을 떠나셨다. 박사 학위를 받던 날 어머니가 아버지 이야기를 꺼내셨다.
"느그 아버지 있었으면 벌써 온 동네 자랑하고 몇 날 며칠 잔치했다." 아버지는 정말 그렇게 하셨을 거다. 한잔하시고 계속 자랑하셨을 거다. 읍면동 많은 사람들이 내가 누군지 알았을 거다.

"우리 지현이 장하고 대견하다."
장인어른 말씀이라며 형부가 내게 한 이야기에 하염없이 눈물을 흘렸다. 아버지를 부끄러워했고 미워했던 나 자신이 너무 죄송스러

웠다. 노인 그림책 긍정심리지도사 공부 중 빈 의자 기법을 활용하여 마음속 아버지와 대화하는 시간을 가졌다.

"아버지! 아버지를 무서워하고 부끄러워했던 저를 용서해 주세요. 너무 죄송해요. 아버지 가시는 길 아무도 함께 있어 드리지 못한 것도 너무너무 죄송해요. 이제야 아버지의 마음을 이해할 수 있을 것 같아요. 아버지, 좋은 곳에서 편히 쉬세요. 사랑해요."

'아버지'를 부르면서부터 목이 메고 눈물이 흘렀지만, 마음속의 죄송함을 전하고 나서야 돌덩이처럼 무거웠던 아버지에 대한 마음이 한결 가벼워졌다.

경운기를 몰고 논두렁을 누비시던 아버지, 언제나 아버지 하실 말씀만 하고 전화를 끊으셨던 아버지, '홍도야 울지 마라' 노래를 부르시며 몸을 흔드시던 아버지, 친손주가 없다고 속상해하신 아버지, 딸 집에 와서도 다음 날 새벽이면 집으로 가시려고 준비하시던 아버지, 걸음이 빨라 항상 먼저 앞서가시던 나의 아버지셨다.

고향에 내려가면 소주와 과자를 사서 아버지께 다녀온다.

"아버지, 막내 왔어요. 잘 지내셨죠? 저는 잘 지내고 있어요. 다음에 또 올게요. 사랑해요."

아버지는 어린 내겐 무서운 존재였고, 학창 시절 내겐 벗어나고 싶은 존재였다. 하지만 지금 내게 아버지는 나에게 생명을 주신 감사한 사람이며, 함께 한 추억이 있는 꼭 안아드리고 싶은 사랑하는 어른이다.

NO.15
한 준 기

네이버 검색: 한준기
(문의: hhh5906@hanmail.net)
블로그:
https://blog.naver.com/new8844

경기대 행정대학원 석사
자서전, 전자책 출판지도사
한국자서전협회 인천 미추홀지부장
종이책, 전자책 : 20권 이상 발행
시인, AI 강사, 디지털튜터스마트폰 지도사, 사회복지사
마라톤 풀코스(42.195km):130회 완주
울트라 308km, 537km, 622km 완주: 그랜드슬래머
수상: 시장상, 국회의원, 도지사상, 헌혈:53회
블로그: 강*맛집 탐방 후기 50회 이상 등
닉네임: 마라톤 명인

정말 열심히 사셨다

아버지는 6·25 전쟁 중 1·4 후퇴 때 할머니, 부모님 그리고 일부 친척들과 함께 남으로 내려오셨다는 이야기를 들었다. 힘든 피난길 끝에 인천에 정착하신 후 온갖 고생을 겪으셨다고 한다.

1. 나의 유년 시절

아무것도 모르던 초등학교 시절, 부모님은 그저 당연히 존재하는 분들이라 생각했다. 육 남매였던 우리는 모든 것이 넉넉지 않았다. 나를 위해 새로 산 옷은 거의 없었고, 형님들이 입던 옷을 물려 입었던 기억이 선명하다. 어릴 적 내 별명이 '순둥이'였다는데, 혼자 있어도 울거나 말썽을 피우지 않았다고 한다.

집에서는 생계를 위해 닭과 돼지를 키웠고, 집 앞에는 작은 텃밭이 있었다. 그 텃밭에서 감자, 고구마, 채소를 키우며 일손을 거들며 자랐다. 한창 바쁠 때는 밭의 풀을 뽑고, 감자와 고구마를 캐야 했다. 게다가 논농사까지 지으셨으니, 어릴 때는 부모님을 따라 논에 가서 잡초를 뽑는 일도 많았다.

나는 아버지를 '아빠'라고 부른 적이 거의 없고, 늘 '아버지'나 '아버님'이라고 불렀다. 당시에는 '아빠'라는 호칭이 왠지 모르게 낯설게 느껴졌다. 다른 친구들 역시 어릴 적에는 '아빠'보다는 '아버님'

이라고 불렀다. 아버지는 생계를 위해 회사에 다니셨는데, 나중에야 미군 부대에서 허드렛일하셨다는 것을 알았다. 평일에는 직장에 나가셨고, 휴일이면 늘 밭과 논, 가축을 관리하시며 모범적인 삶을 사셨다.

2. 청년기

아버지는 초등학교를 중퇴하신 것으로 기억한다. 그런데도 학구열이 높으셔서 한글과 한문은 기본적으로 쓰고 읽으실 수 있었다. 주로 말씀하시는 것보다 남의 이야기를 듣는 편이셨다. 과묵하시다고 할까, 불필요한 이야기는 전혀 하지 않으시고 꼭 필요한 말씀만 하셨다. 나에게 공부 열심히 해서 좋은 고등학교, 대학교에 가라고 말씀하신 적은 한 번도 없었다.

중학교를 졸업하고 고등학교에 갈 시간이 다가왔을 때, 아버지는 말씀하셨다. *"고등학교 가서 뭐 하냐, 일찌감치 기술 배워서 돈을 벌어라."*라고 강조하셨다. 하지만 학구열이 높으셨던 어머니는 단호하게 반대편에 서셨다.

"애들이 공부를 잘해서 나중에 좋은 직장을 잡고 돈도 열심히 벌려면, 학교는 꼭 가야 합니다." 결국 어머니의 승리였다. 고등학교 3학년 졸업 무렵, 공무원 시험에 합격한 후로는 집에서 전혀 도움을 받지 않았다. 오히려 부모님께 용돈을 드렸고, 금전적인 도움을 받은 적은 한 번도 없다. 나 역시 아버지처럼 열심히 살아가고 있다.

3. 장년기

아버지는 회사에서 정말 열심히 근무하여 정년퇴직까지 일하셨다. 예전에는 자동이체가 아닌 노란 봉투에 담아 월급을 주셨는데, 한 달에 한 번씩 많은 돈은 아니었지만, 용돈을 받은 기억이 있다.

아버지는 마치 소처럼 쉬지 않고 정말 열심히 사셨다. 직장은 직장대로 다니시면서 남는 시간을 활용하여 밭농사와 논농사를 지으셨다. 고등학교 때 휴일마다 논에 가서 도랑을 치고 잡초를 뽑는 등 항상 일이 많았다. 한번은 아버지가 "*일요일에 논에 가서 같이 일 좀 하자*"고 말씀하신 적이 있었다.

그런데 나는 일요일에 시험 때문에 도서관에 간다고 거짓말을 한 후, 내가 좋아하는 낚시를 간 적이 있다. 살면서 아버지께 거짓말했던 그 일이 지금도 문득 떠오르곤 한다. 그 후 아버지가 칠순을 지나 80세쯤 되셨을까, 갑자기 쓰러지셨다. 소위 말하는 중풍이었다. 한쪽이 마비되셨다. 그 후 병원에서 치료받으셨지만, 더는 가망이 없자 작은 형수님이 집에서 병간호하셨다. 병간호하시던 어머니가 먼저 돌아가신 후 약 6개월 뒤에 아버지도 돌아가셨다.

말없이 묵묵하게 일만 하시고 가정에 매우 충실하셨던 분이다. 집에서 큰소리친 적 한 번도 없으셨고 오직 자녀들을 위해 헌신하셨다. 설날, 추석 때가 되면 십정동 공원묘지를 방문하여 말없이 고개를 숙이며 그동안 감사했던 아버지를 생각하곤 한다.

NO.16
박 보 라

닉네임: 보라 꽃
손폰: 010-8575-0572

교육사 35년 운영

치매 극복의 날 체험수기 최우수상 수상

치매 안심센터 리더

치매 재활 레크리에이션 1급 강사 자격증

치매 전문 교육과정 관리자 교육 이수

한국화 부채 예술 대전 입상

저서: 『내 삶을 바꾼 질문』『내 삶의 터닝포인트』
『내 삶의 버킷리스트』『내 삶의 건강 비결』
『우리 엄마는』

아버지의 시간과 나의 기억

아버지는 열여덟이라는 어린 나이에 결혼하셨다. 그 속에는 굵직한 이야기와 고된 시대의 흔적이 고스란히 담겨 있었다. 그 시절엔 청춘도 자유도 사치였을지 모른다. 할아버지의 병환으로 인해 가족의 가장이라는 무거운 짐을 일찍 짊어지셨고, 스무 살이 채 되기도 전에 경찰 제복을 입고 국민의 질서를 지키는 일에 몸담으셨다.

그 뒤로 아버지는 평생을 경찰로 살아가셨다. 4·19 혁명과 5·16 군사 정변으로 나라 전체가 요동치던 격랑의 시대, 아버지는 그 한가운데에서 침묵과 고뇌로 버티셨다. 불같은 성격을 지녔던 아버지였지만, 그 속엔 시대의 갈등과 개인의 이상이 얽혀 있었을 것이다. 나는 국민학교를 다니던 어린 시절, 무려 열다섯 번이나 전학을 다녔다. 낯선 교실과 익숙하지 않은 얼굴들, 이삿짐의 흔들림 속에서 나는 늘 떠돌았다.

그러나 그 모든 불안한 움직임은 딸에게 더 나은 교육 환경을 만들어주려는 아버지의 묵묵한 선택이었다는 것을 나중에야 알게 되었다. 아버지는 유난히 나를 아끼고 사랑해주셨다. 공부를 잘하던 나는 아버지의 자랑이 되었다.

"너는 꼭 이화여대 보내줄 거야."

그 말은 아버지의 입버릇이었다. 나에겐 심부름도 시키지 못하게 하시며 오직 공부에만 집중하라고 하셨다. 퇴근하실 땐 꼭 비과라는 작은 과자를 사 오셨다. 나는 그것을 손에 쥔 채 아버지의 품을 졸졸 따라다녔다. 그 과자를 받아 들던 내 손에 쥐어진 건 단지 달콤함만이 아니었다. 그것은 말로 다 하지 못한 사랑이었고, 삶의 무게를 짊어진 아버지의 침묵 속 응원이기도 했다. 아버지의 비과, 그 작은 과자 하나가 남긴 기억은 여전히 내 마음을 적신다.

69년이 지난 지금도 그 장면은 어제처럼 떠오른다. 아버지가 요람에 나를 눕히고 엄마와 함께 웃으며 흔들어주던 그 따스한 오후. 그 속에서 나는 세상에서 가장 안전하고 가장 사랑받는 존재였다. 아버지는 너무도 잘생긴 분이셨다. 사진 속 젊은 아버지를 보면 영화 속 주인공처럼 빛이 났다. 하지만 그 미소 뒤엔 이루지 못한 수많은 꿈이 있었을 것이다. 그리고 그 꿈들은 나를 위한 것이었고, 결국 나에게로 전해진 유산이었다.

내 나이 열여덟, 아버지는 세상을 떠나셨다. 아버지의 생은 길지 않았지만, 그 안에 담긴 사랑과 책임은 절대 짧지 않다. 나는 이제 아버지가 떠난 그 나이를 지나 그 시절을 되돌아본다. 아버지의 삶은 격동의 시대 속 이름 없는 영웅의 이야기였고, 한 가정의 아버지로서 끝까지 책임을 다한 조용한 헌신이었다. 아버지가 갑자기 돌아가셨을 때 우리 가족은 큰 슬픔에 빠졌다. 그러나 우리는 아버지의 사랑과 희생을 기억하며, 그 가르침과 가치를 이어받아 살아가고 있다.

아버지!

불러보고 싶은 이름, 아버지. 나의 영원한 영웅이자 내가 가장 사랑하고 그리워하는 이름이다. 꿈에라도 한번 보고 싶은 내 아버지, 오늘은 더욱 보고 싶다. 아버지! 나는 아버지가 품어준 믿음과 애정으로 삶을 걸어왔다. 아버지가 꿈꾸었던 내 미래를 나는 다른 모습으로라도 이어가고 있다고 믿는다.

"아버지, 오늘도 당신을 그립니다.
당신이 가졌던 그 넓은 마음, 조용한 희생, 말보다 큰 사랑을 기억하며 저는 제 삶을 이어갑니다. 세상이 바뀌고 시간이 흘러도 당신은 여전히 제 삶의 중심에 계십니다. 당신이 계셨던 그 시절을 그리고 그 속의 저를
저는 언제까지나 잊지 않을 것입니다."

NO.17
한 기 수

https://blog.naver.com/rltn1334
네이버 검색: 한기수 010-9763-1334
한국남성행복심리상담연구소
무료 상담을 하고 있습니다.
부부상담, 남성전문상담, 성예방상담.
청소년상담, 성상담

한국남성행복심리상담연구소 대표
여여나무연구소 국장
방과후 돌봄 늘봄 강사 현재 2년간 강의 진행 중 인기 강사
학교 체육전문 강사
개인 『내 삶을 바꾼 이야기』 전자책 출판
시집 전자책 시집 2권 외
23년 24년 25년 현재 총 10권 외 계속 진행 중
옴니버스 시리즈 50인 공저 1편~11편 (베스트셀러 등극)
한국작가협회 김해지부 준회원

바보 같은 아버지
존경하고 사랑합니다

　아버지 얼굴이 잘 기억나지 않는다. 어렸을 때부터 떨어져 지낸 탓도 있겠지만, 함께한 추억이 없어 더욱 그렇다. 아버지 얼굴을 마음에 그리지 못한 채 살아왔다. 아버지는 기술자셨다. 당시 대형 면허와 정비 기술을 가지고 계셨다고 들었다. 하지만 아버지 성격은 자유분방 그 자체였다. 울산 분이 전라도 촌구석의 어머니와 야반도주했다니, 아버지 방랑벽은 보통이 아니었을 거다.

　자라면서 아버지 얼굴 보기도 힘들었다. 내가 성인 되고 결혼해서 두 아들 아버지가 되어 보니, 아버지 행동은 도무지 이해할 수 없는 최악이었다는 걸 깨달았다. 친구, 술, 여자, 도박 좋아하는 분이셨으니, 최악의 남편이었지. 그러니 어머니는 늘 바빴다. 장사해야 했고, 나를 보살펴야 했다. 그래서 어머니 천사 같던 성격(어머니 말씀)이 남자처럼 변했다며 막걸리 한잔에 아버지 욕을 안주 삼아 살아오셨다.

　사람들 말을 잘 믿고 따르다 보니, 그 좋은 기술을 두고도 돈 된다는 건 언제나 열심이었다. 늘 술 드시고, 어머니와 싸우는 날이 많아지셨지. 그렇다고 특별히 무언가를 이룬 것도 없다. 치고받고 싸움에서는 늘 어머니 승리로 끝났던 것으로 기억한다.

　얼굴이 기억나지 않아도, 나는 아버지 피를 받은 아들이었다. 모든 부분이 문제였지만, 특히 결혼하려니 문제가 됐다. 아버지 닮았다는 소리 듣기 싫어서 여자, 도박, 담배 등 안 좋은 건 하지 않으려 노력했다. 다만, 술은 조금 한다. 하지만 나도 모르게 아버지 행동들을 가끔 하고 있다는 걸 느낄 때면 깜짝 놀란다. 최선을 다한다. 한곳에 정착하시지 못하는 분이었지만, 나에게는 따뜻한 분이셨다.

　초등학교 졸업 후 직장 생활을 시작하면서 아버지와는 멀어졌다. 중간에 두 번 정도 만났지만, 내가 따로 연락하지 않았다. 그사이 나도 직장 생활에 매달리며 아버지란 존재를 잊고 살았다. 어느 날, 문득 아버지가 생각났다. '아, 맞다. 아버지.' 생각하는 순간, 아버지가 병원에 입원하셨다는 연락이 작은 엄마라는 여성분에게서 왔다. 시간이 흘러 가끔은 잘 지내고 계실까 생각도 들었지만, 찾아볼 생각은 하지 않았다.

　시간이 지나 필요한 서류가 있어 호적 등본을 발급했다. 아버지 이름 옆에 '사망'이란 글자가 있었다. 그 순간 동작이 멈췄다. 아버지가 돌아가셨다는 걸 알았다. 그날만큼은 눈물이 날 만도 한데, 그저 한숨만이 나왔다. 이게 불효일까? 두 아들에게 말하면 뭐라고 할까?

　소주 한 잔 마시며 아내에게 말해보았다. 별 반응은 없었다.

아내에게 위로받고 싶었던 걸까? 임종을 지켜보지 못한 어머니와, 서류상으로 아버지 임종을 알게 된 지금, 나는 나 자신에게 '너는 불효자'라고 말한다. 바보처럼 자식에게는 인정받고 존경받고 싶었던 나다. 정작 내 부모에게는 인정도 존경도 해드리지 못하고 곁을 쓸쓸히 떠나게 해드렸다. 바보같이 살아오신 분이다.

가장 소중한 걸 지켜내지 못하고 오직 순간순간을 기분에 따라 살아오셨고, 돌아가시면서도 나에게 알리지 않으신 분이다. 가끔 비 오는 날 막걸리에 두부김치 만들어 아버지가 하셨던 말씀, "*아들 기죽지 마. 두 눈 딱 감고 직진이다.*" 이 말대로 두 눈 감고 직진해 볼까 한다.

그래도 아버지였으니, 내가 따라가는 그날까지 가슴에는 간직하고 살고 싶다.

'한 번도 해 보지도 못한 말'
아버지, 사랑하고 존경합니다.

NO.18
정 태 호

블로그: https://blog.naver.com/jtho8460

인천 구월중학교 2학년 재학중
파일럿을 꿈꾸는 청소년

수방취원(隨方就圓)의 우리 아빠

아빠는 **만물박사다**. 고칠 수 없는 것 빼고 무엇이든 고칠 수 있는 대단한 분이다. 외할머니 댁에 갔을 때 콘센트가 고장 난 것을 바로 바꾸어 주셔서 외할머니께서 *"고맙다"*고 하셨다. 엄마 직장에 있는 장난감이 고장 났을 때 *"여보"* 하고 엄마가 이야기하면 아빠가 직접 드라이버로 나사를 풀고 장난감을 분해해서 고쳐주신다. 소리가 나지 않는 장난감은 소리가 나게 하고 움직이지 않는 장난감은 움직이게 하는 모습이 엔지니어처럼 엄청 멋지다.

아빠는 필요한 것이 있거나 도움이 필요하면 **늘 해결해 주는 사람이다**. 이어폰 왼쪽이 들리지 않아 아빠께 말씀드렸는데 아빠가 사용하시던 이어폰을 나에게 주시며 *"아빠 괜찮으니까 내 거 써"*라고 하셨다. *"아빠!"*하고 부르기만 하면 언제든 달려와 무슨 일이 있는지, 무엇이 필요한지 살피시고 도와주신다. 그리고 청소하기, 쓰레기 버리기, 설거지 등 집안일도 잘 도와주어서 엄마 아빠는 잘 싸우지 않으신다.

아빠는 **베테랑 운전사다**. 아빠는 안전하게 운전하신다. 나랑 형이랑 엄마가 타고 있을 때는 사고가 난 적이 없다. 외할머니 댁에 갈 때 차가 많이 막히면 9시간씩 고속도로를 달릴 때도 있다. 운전하다가 졸릴까 봐 밥도 잘 안 드신다. 그래서 멀리 이동할 때는 *"아빠 안전 운전 부탁드려요."*하고 엄마가 이야기하면 나랑 형이랑 따라 말하고 박수를 치고 응원을 해드리기도 한다. '아빠가 운전하는 차를 타면 사고는 안 나겠다'라는 생각이 들어 잠이 잘 온다. 나는 편히 잘 수 있지만 아빠는 피곤하고 졸려도 못 자고 운전하는 게 대단하신 것 같다.

아빠는 많은 건물의 통신 공사를 하셨다. 내가 항공에 관심이 많아 김포공항에 있는 국립항공박물관에 갔을 때 *"태호야, 이 건물 지을 때 통신 공사 아빠가 한 곳이야."* 하고 말씀하시면서 박물관에 대해 많은 이야기를 해주셨다. 박물관 전망대에서 김포공항이 보였는데 이곳이 국내선 청사이고 저기가 화물청사이고 저기 보이는 곳은 헬기 있는 곳이라고 직접 알려주셨다. 국립과천과학관 공사 때도 아빠가 공사에 참여했다고 이야기해 주셨다. 아빠가 공사에 참여한 건물이 보이면 아빠는 그 건물에 대해 자세히 설명을 해주신다. 아빠와 이야기하면 많은 정보를 알 수 있어서 너무 좋다.

아빠는 아는 것이 많은 사람이다. 은행에 카드 발급하고 배달 관련 문자가 왔을 때 보이스 피싱인지 걱정되어 확인하려고 아빠한테 물어보았는데 배송해 온 게 맞다고 알려주셔서 안심되었다. 자동차에 관해 물어보면 자동차에 관련된 걸 이야기해 주고, 군함과 비행기에 관해 물어보아도 잘 설명해 주신다. 모르는 걸 물어보면 언제나 친절하게 잘 알려주신다.

아빠는 친절한 사람이다. 아빠는 내가 수학 점수가 낮아도 화내지 않으신다. 수학 문제 풀기가 어렵다고 이야기하면 *"수학 문제를 풀 때는 아는 문제부터 먼저 풀고 모르는 문제는 천천히 풀어봐"* 라고 친절하게 말씀해 주신다. 아빠는 내가 좋아하는 음악을 차에서 들을 수 있도록 팝송 모음집을 USB에 저장해서 차에서 틀어주신다. 운전하시면서 노래도 함께 불러주시는 엄청 친절한 분이시다.

아빠는 **컴퓨터를 잘 다루는 사람이다.** 국어 수행 평가 때문에 출력해야 하는데 프린터에서 출력이 되지 않았다. 아빠한테 물어보았더니 컴퓨터에 있는 한글 설정이 안 되어 있어 안 된다고 하셨다. 아빠가 한글 설정을 다시 해서 출력을 할 수 있도록 해주셔 수행평가를 만점 받을 수 있었다. 그리고 컴퓨터가 잘되지 않을 때 컴퓨터를 다시 포맷해서 재설치하여 사용이 잘 되게 도와주셨다. 컴퓨터 프로그램은 정말 어려운데 잘 다루는 아빠가 정말 존경스럽다.

아빠는 조립가다. 나랑 아빠가 시간을 함께 보낼 방법을 고민하다 아빠가 조립하는 거 좋아한다고 해서 아파치 플라모델과 항공모함 플라모델을 샀다. 아빠는 노안이 있다며 안경을 벗고 설명서 보면서 조립하셨다. 나는 옆에서 조립할 때 필요한 재료를 니퍼로 자르고 같이 조립해서 아파치 플라모델은 완성을 했다. 아빠와 시간을 맞춰서 항공모함 플라모델도 빨리 완성하면 좋겠다.

아빠는 주말에만 집에 오지만 나랑 시간을 보내시기 위해 노력해 주신다. 아빠와 함께하는 시간이 언제나 즐거운 일이라 너무 감사드린다.

NO.19
최 세 경

네이버 검색: 최세경

전화: 010-8668-1719

이메일: csk1719@naver.com

2007년 7월 ~ 한화생명 금융서비스

상담심리학과 4학년 학생

작가, 세경책방 대표

저서: 『최팀장은 왜 보험설계사가 되었을까』(전자책)

『내 삶의 버킷리스트』『내 삶의 건강 비결』『우리 엄마는』

우수 인증 설계사 13회 연속 선정

ACE 클럽 8회 연속 수상

생명보험협회 골든펠로우 4년 연속 선정

닉네임: 초이세경

들꽃 같은 아버지

1. 자전거 위의 봄날

아버지는 늘 등을 내어 주셨다. 많은 말을 하지 않아도, 자전거 뒤에 나를 태우면 그게 전부 사랑이었다. 초등학교 입학식 날 봄이 시작되는 아침이었지만 공기 속에는 여전히 겨울의 냄새가 남아있었다.

자전거 짐칸 위에 앉아 덜컹거리는 비포장 길을 달렸다. 먼지가 일고, 바람은 볼을 스쳤다. 엉덩이는 아팠지만, 마음은 설렘으로 가득했다.

아버지는 그날 하얀 손수건과 명찰을 달아 주셨다. 또박또박 적힌 이름은 나라는 존재를 처음으로 세상에 알리는 표식 같았다.

입학식이 끝난 뒤, 운동장에서 아버지는 붕어빵 한 개를 사 주셨다. 한 봉지도 아니고 딱 한 개, 달콤한 팥 냄새, 김이 오르던 그 붕어빵 한 개가 그날의 모든 축하였고, 지금도 마음속에 남은 첫 번째 기념품이다.

2. 침묵으로 가르친 삶

아버지는 말이 없는 분이었다. 사랑한다는 말을 들은 기억이 없다. 그런데도 아버지가 날 끔찍이도 사랑했다는 걸 알 수 있다.

아버지는 늘 새벽 일찍 일어나셨다. 어둠 속에서 논으로 밭으로 향하는 발자국 소리, 마당을 스치는 바람 소리 그게 우리 집의 아침 풍경이었다. 손에는 늘 흙이 묻어 있었다. 손에 굳은살은 해마다 더 딱딱해졌고 굽은 허리는 말 대신 삶을 설명했다.

어릴 적 나는 그게 서운했다. 웃지 않는 얼굴, 무뚝뚝한 말투, 칭찬을 잘 하지 않던 사람. 하지만 세월이 흐른 지금 그 침묵이 무심함이 아니라 묵묵히 감당한 사랑이었다는 걸 안다.

살면서 지칠 때마다 떠오른다. 아버지의 뒷모습. 넘어져도 괜찮다고, 다시 일어서면 된다고 말없이 알려주던 눈빛.

3. 파란 하늘과 들꽃 같은 그리움

뺑소니 교통사고로 돌아가신 아버지의 장례식 날, 하늘은 유난히 파랗고 맑았다. 국화 향기가 서럽게 번지고 하얀 구름이 천천히 흘러갔다.

슬픔에 숨이 막히던 순간에도 나는 속으로 중얼거렸.

"아버지 편히 가세요. 고맙습니다."

그날 이후 하늘은 내게 특별한 풍경이 되었다. 바람이 불면 아버지가 그립고 맑은 하늘을 올려다보면 눈물이 났다.

아버지가 남기신 것은 말보다 행동이었다. 넘어져도 다시 일어서는 강인함, 소박하지만 진실된 삶. 그리고 가족을 향한 무한한 헌신이었다.

그리움은 이제 내 안에서 들꽃처럼 자란다. 바람에 흔들리면서도 햇살을 향해 고개를 든다. 그리고 그 향은 조용히 누군가의 삶 속에서 한 송이 꽃으로 핀다.

아버지를 떠올릴 때마다 나는 배운다. 사랑은 화려한 말이 아니라 묵묵한 삶으로 피어나는 것임을. 그리고 삶은 넘어지지 않는 것이 아니라 넘어졌다가 다시 일어서는 것임을.

내 안의 들꽃은 조용히 피어난다. 바람이 불어도 햇살을 향해 고개를 드는 아버지 닮은 들꽃 한 송이….

아버지의 마지막 사진으로 남은 하회탈 미소처럼 아버지는 나에게 그리움이고 사랑이고 내 삶을 지탱해 주는 버팀목이었다.
살아 계실 때 맘껏 못 한 말.
"아버지 사랑합니다."
내 기억이 다 하는 그날까지 언제나!!!

NO.20
이성희

핸드폰: 010-3095-0814
유튜브 검색: 선한목자1TV
유튜브: 이성희집사의 오디오 성경진행

메디컬푸드컨설턴트(식이전문가)
원광디지털대학원 자연건강학 석사
발효자연소스 전문가(쌀누룩을 이용한 소스)
라온쿠킹클래식 1:1 수업 진행(라온오가닉 매장운영)
아로마테라피로 내 몸 치유하기 1인
선한목자1TV 방송진행
이성희집사의 오디오 성경방송 진행

한쪽 다리로 생명을 주신 분

여인들에게도 한이 있지만, 우리 아버지 또한 한 많은 인생을 살았다. 어린 시절 귀하지 않은 사람이 어디 있겠냐마는, 아버지는 딸 여섯을 낳은 뒤 얻은 귀한 아들이었다. 고모들의 사랑을 듬뿍 받으며, 부유한 유교 집안에서 태어났다. 그 동네 땅을 밟지 않고는 들어올 수 없는 성주 이씨 집성촌, 경상도에서 충청도 양촌으로 이주해 자리를 잡은 터전에서도 지주 집안이었다고 한다.

그 옛날, 서당 훈장님을 위해 독채를 내어주며 천자문은 물론 명심보감, 공자와 맹자의 가르침이 늘 흘러넘쳤던 집안이었다. 하지만 모든 운명은 전쟁의 소용돌이 속에서 뒤바뀌어 한스러운 인생으로 엮여갔다. 전쟁을 치르고도 남들보다 재산은 남아있어, 어린 시절 부유했던 아버지의 삶이 다른 이들보다 치열하지는 않았던 건 사실이다.

하지만 군대에서 모든 인생이 뒤틀리고 말았다. 중학교를 마치고 고등학교는 가기 싫다며 등록금을 모두 써버린 아버지는 그렇게 세월이 흘러 군대에 갔고, 이등병으로 의가사 제대하며 모든 것에 종지부를 찍었다. 군 복무 중 강원도 산속에서 군수 물자 운송 트럭이 굴러떨어져 생을 마감할 뻔한 큰 사고를 겪었다. 한쪽 다리가 잘리다시피 한 상황이 되었고, 의가사 제대 후 비로소 인생의 역경이 시작된 것이다.

평생 뻑쩍다리에 수은을 박고 살았다. 아버지가 돌아가신 후 화장하고 나니 재 속에 남아 있던 수은 덩어리, 그것이 바로 평생 아버지를 지탱해 주던 다리였다. 넓적다리와 무릎을 이어주던 지지대였다. 쉰여덟, 짧은 생애를 산 나의 아버지. 폐암이라는 몹쓸 병으로 그리 일찍 갔다. 지금의 나보다도 젊은 나이에 세상을 떠났다.

그럼에도 한쪽 다리로 나를 이 세상에 나오게 한 위대한 분이다. 당신의 짧은 인생, 살아가기에는 너무도 짧고 슬픈 청춘을 가진 '남자'이자 '아버지'라는 무거운 짐을 지고 힘들고 고달프게 한쪽 다리로만 살았다. 처자식을 먹여 살리기 위해 한쪽 다리로 모든 것을 주었던 아버지, 보고 싶다. 그래도 여복이 있어서 알뜰한 어머니를 만나 사시다가 간 것이 작은 위안이 된다. 보고 싶은 나의 아버지, 대한민국의 '국가유공자 이창열'이라는 이름이 너무나 자랑스럽다.

1. 어릴 적, 나에게는 부끄러웠던 상이군경인 아버지

지금 생각해도 나는 나 자신을 참으로 때려주고 싶다. 아버지를 부끄러워했던 어린 시절, 아무리 철이 없었다지만 어찌 그리도 철이 없었을까? 중학교 때의 일이다. 어떤 이유였는지 몰라도 5월 가정의 달에 선행상과 효행상을 동시에 받았다. 지금 생각하면 내가 받을 상이 아니었다. 부끄러운 상이다. 자격 미달이었다는 것을 뒤늦게 깨달았다.

5월이면 해마다 체육대회가 열렸다. 그때는 부모님을 초대했는데, 나는 아버지를 초대하지 않았다. 상을 탄다는 말씀도 드리지 않았다. 그런데 점심시간이 되어 교실로 가려는데, 플라타너스 아래에서 자전거를 세워두고 아버지가 나를 기다리고 있었다. 나는 너무

놀랐고 창피했다.

아버지는 군청에 출장을 나오셨다가 체육대회를 한다는 소식에 용돈을 주시려고 오셨던 것이었다. 친구들과 재잘거리다가 아버지를 본 나는 기분이 언짢아졌다. 사실 나는 그때 '국가유공자 자녀'라는 사실이 그렇게 싫었다. 불쌍한 아이로 인식되던 상이군경 자녀들의 모습이 싫었던 시절이었다. 6월이 되면 서무실에서 방송으로 불러 운동화를 주곤 했다. 나는 그런 게 그렇게 싫었다. 마치 거지 취급받는다고 생각했다. 초등학교 때 전교생 아이들에게 연필과 공책을 걷어 유공 자녀들에게 주었던 것조차 자존심이 상했다. 사실 우리 집은 그다지 가난하지 않았음에도 나는 그것을 받아야 했다. 참으로 못난 나였다.

하지만 이제는 나의 자랑스러운 아버지가 국립대전현충원에 자랑스럽게 잠들어 있다.

2. 국립대전현충원에 고이 잠드신 자랑스러운 나의 아버지

지금 아버지가 너무 보고 싶다. 잘생긴 외모를 가진 나의 아버지. 영화배우 못지않은 외모로 청춘을 불사르고 싶으셨을 텐데, 온전한 다리로 살지 못하고 홀로 외로우셨을 나의 아버지! 한쪽 다리로 참으로 많은 것을 주고 간 멋진 나의 사랑하는 분. 이 세상에 당신의 딸로 살게 해줘서 고맙다. 국립대전현충원이라는 자랑스러운 곳을 가게 해줘서 고맙다.

아버지! 나의 아버지! 나는 아버지를 닮아 애국자가 되려 한다. 국가유공자 자녀로 부끄럽지 않게 살아갈 것이다.

3장

사무치게 그리운 아버지

21. 최순덕
사무치게 그리운 아버지

22. 심영자
생명의 근원인 아버지

23. 조대수
아버지는 18세 소년병

24. 윤국주
아버지 사랑법

25. 유동식
너는 그만 들어가 자거라

26. 이선자
가족을 위해 힘써준 아빠

27. 김종호
연민의 정을 느끼는 나의 아버지

28. 조윤미
우리 아빠는 마음 따뜻한 교도관

29. 류정희
뒤늦게 깨달은 아빠의 마음

30. 고서현
성실하고 인기 많았던 우리 아빠

NO.21
최순덕

네이버 블로그: 명언 길라잡이
blog.naver.com//csdkso0691
유튜브 검색: 시니어 클릭세상

직무지도위원 ,근로지원인 활동 중
코리안투데이 시민기자
사회복지사, 재난관리사
데이터라벨러, 사전연명의료의향서 상담사
전자책 작가 25권 등록 (100권 도전 작가)
종이책 공동저서 7권 출판
닉네임: 블레싱 메신저, 평생학습자

사무치게 그리운 아버지

아빠(아버지)라는 이름의 그리움

시간이 흐를수록 아버지에 대한 그리움이 깊어진다. 평생 '아빠'라는 단어를 한 번도 써보지 못했고, 어린 시절부터 '아버지'라는 호칭이 익숙했다. 최근 책 작업을 통해 아버지에 대한 그리움이 더 커진 듯하다.

어릴 적 아버지의 이미지는 늘 어머니를 고생시키는 분이었다. 농사일 외에도 다양한 농작물 재배에 적극적이셨다. 육 남매를 잘 키우고자 돈을 더 벌려는 의도가 크셨을 것이다. 어머니가 고생하는 것이 싫어 아버지의 일에 불만이 많았다.

삶의 무게, 아버지의 헌신

아버지는 집안일보다 동네일, 다른 집 일을 돕는 데 더 적극적이셨다. 약주를 좋아하셔서 늘 술 취한 모습이 눈에 선했고, 어머니는 이를 가장 싫어하셨다. 우리 집 일은 산더미 같아도 남의 집 일손을 먼저 도우셨으니, 타인들에게는 호인(好人)이셨다. 손재주가 좋으셔서 목수일, 전기 일은 물론 근육 주사까지 놓으셨다. 동물에게 교배, 주사, 출산 돕기 등 시골에서 못 하는 것이 없으셨다. 나무 도장도 잘 파서 동네 사람들의 도장을 다 만들어 주셨다.

동네일을 돈으로 환산했다면 아마 우리 집은 부자가 되었을 것이다. 대부분 무보수로 봉사하셨고, 술 한 잔 얻어 마시는 것으로 만족하셨다. 이런 아버지 때문에 어머니의 몫이 늘어났고, 자식 된 처지에서 아버지를 좋아하기 어려웠다. 어머니의 고생이 싫었고, 맏며느리로서 부엌일과 밭일을 몸이 부서지라고 하시던 어머니를 보며 아버지가 미웠다. 아버지는 술 한 잔에 더 바랄 것 없는 만족감을 가지셨고, 식사도 거르고 술만 드시는 경우가 많아 술을 숨기기도 했지만 귀신같이 찾아내셨다.

못다 한 사랑, 영원한 그리움

2002년 7월 30일, 아버지는 술을 드신 상태로 넘어지셔서 뇌출혈로 세상을 떠나셨다. 직장 다닌다는 이유로 아버지 모시고 여행 한 번 가보지 못한 것이 후회된다. 성품이 온화하셨고 자식들 교육을 위해 애쓰셨지만, 그때는 어머니를 고생시키는 아버지가 미웠다.

하지만 시간이 흘러 내가 부모가 되고 보니 아버지의 존재감이 부각되었다. 아버지의 삶이 한없이 아쉬웠고, 불쌍한 인생을 살다 가신 분이라는 생각이 들었다. 술 외에 다른 낙을 찾지 못하고 가셨기에 더욱 마음이 아팠다. 할아버지가 아버지에게 중학교 교육조차 시키지 않고 농사짓게 한 것이 원망스럽기도 했다. 아버지는 똑똑하고 지혜로운 분이셨기에 공부하셨다면 다른 삶을 사셨을 것이다. 큰아버지가 재입대하여 돌아가시지 않았다면 아버지는 둘째 아들로 또 다른 삶을 사셨을 텐데 하는 아쉬움도 남는다.

이제 아버지의 인생과 삶을 인정하고 싶다. 한없이 죄송한 마음이다. 그동안 싫어했던 감정은 한 점도 없이 사라졌고, 감사하고 죄송한 마음만 가득하다. 사랑한다고 말 한마디 못 했던 후회가 가득하다. 자식들에게 호강 한 번 못 받으시고 하늘나라 가신 것이 너무 아쉽다. 짧은 66년의 인생을, 이웃과 가족을 위해 헌신하시고 자신을 위한 삶을 전혀 누리지 못한 채 가신 것에 대해 아쉬움이 가득하다. 천국에 계신 나의 아버지, 마음껏 불러보고 싶은 나의 아빠.

"사랑하는 아빠, 너무나도 짧은 시간 함께하다 홀연히 떠나셔서 이 아쉬움은 평생 가슴에 사무칠 듯합니다. 술 드신다고 투정하고 싫어하기만 했던 어리석은 자식이라 너무나도 죄송한 마음뿐입니다. 아빠가 그토록 좋아하시던 술 한 잔, 따뜻한 마음으로 제대로 대접하지 못했던 것이 한으로 남습니다. 술 많이 드신다고 구박했던 그 모든 순간을 부디 용서해 주세요. 그 모든 잔소리는 아빠의 건강을 염려했던 자식의 서툰 마음이었음을 헤아려 주세요. 우리 자식들을 위해 평생을 애써주신 그 크나큰 사랑에 진심으로 감사드립니다. 아버지, 감사해요. 아버지, 사랑해요."

아버지를 생각하면 여전히 눈물이 앞을 가린다. 이 글을 쓰는 동안에도 아버지에 대한 그리움이 심장을 저민다. 언젠가 천국에서 다시 만나게 된다면, 그때는 망설임 없이 아빠를 힘껏 안아드리며 사랑한다고 말하고 싶다.

"사랑합니다, 아버지, 아빠."

NO.22
심 영 자

네이버 검색: 심영자
블로그: AWAKEINSIDE.KR

마스터 코치
존재를 다시 피워내도록 돕는 Awakener
신뢰 & 소통 전문강사
NLP트레이너
변형게임 퍼실리테이터

생명의 근원인 아버지

처음 '우리 아빠는'이라는 제목의 책 이야기를 들었을 때, 한동안 아무 말도 할 수 없었습니다. 아버지를 떠올리면 무엇부터 어떻게 써야 할지 막막했고, 그 마음을 글로 옮기는 것이 조심스럽기만 했습니다. 어릴 적 아버지를 향한 복잡한 감정이 있었기에, 쉽사리 좋은 말로 그분을 표현하는 것조차 부담스러웠습니다. 하지만 그 모든 감정을 지나온 지금, 나는 아버지를 향한 내 안의 변화와 그리움을 이 글 속에 조용히 담아보려 합니다.

내가 어린 시절, 아버지를 미워하고 원망했던 시간이 있었습니다. 그 감정들은 마음속 깊은 곳에 가라앉아 무의식 속에서 나도 모르게 남성 일반에 대한 거리감으로 이어졌는지도 모릅니다. 나는 종종 남자라는 존재를 어딘가 모르게 살짝 아래로 보는 시선을 가지고 있었고, 나중에야 그것이 아버지에 대해 해결되지 않은 감정에서 비롯되었다는 것을 알게 되었습니다.

그러던 어느 날, 세월이 한참 흐른 후 새벽 산책길에 바람결처럼 아버지의 존재가 내 마음에 다가왔습니다. 그 순간, 내 안에서는 말로 표현하기 어려운 큰 울림이 일어났고, '내게 생명을 주신 분'이라는 사실 하나만으로도 깊은 감사가 피어올랐습니다. 그 깨달음은 이

후 내 삶 전체에 조용하지만, 뚜렷한 변화를 만들어 주었습니다. 삶을 향한 태도, 엄마나 남편을 대하는 마음가짐, 그리고 나 자신을 바라보는 것까지도 조금씩 바뀌었습니다.

아버지를 떠올릴 때 가장 가슴 아픈 기억은 초등학교 4학년 어느 날 셋째 오빠에게 들은 한마디였습니다. *"너희 아빠가 돌아가셨단다."* 그 순간 나는 아무 말도 할 수 없었고 눈물조차 마음대로 흘릴 수 없었습니다. 그래서 조용히 화장실로 들어가, 그곳에서 처음이자 마지막으로 '아빠…' 하고 불러보며 혼자 울었습니다. 그 기억은 여전히 내 마음 깊은 곳에 남아, 아버지를 떠올릴 때면 가장 먼저 떠오르는 장면이 되었습니다. 어린 마음은 너무 갑작스러운 이별 앞에서 아무 준비도 되어 있지 않았고, 그 슬픔을 어디에도 표현할 수 없었습니다.

하지만 동시에 아버지와의 기억 속에는 아름다운 장면도 있습니다. 초등학교 3학년 여름밤, 우산을 함께 받쳐 들고 아버지 손을 잡고 광주 시내를 걸었던 기억이 흐릿하지만, 선명하게 남아 있습니다. 분홍색 깔깔이 원피스를 입고, 에나멜 구두에 챙이 있는 모자까지 쓰고 있었던 그 밤. 그 기억은 마치 오래된 사진처럼 내 마음속에 남아, 지금도 가끔 그 밤을 꿈속에서 다시 걷곤 합니다. 그 순간은 나에게 '아버지와 함께한 가장 행복했던 기억'으로 남아 있습니다. 그때의 나는 작고 사랑받는 존재였고, 그 기억은 내 안에 남아 위로가 되어주었습니다.

내게 아버지는 한편으로는 가슴 아픈 존재였고, 한편으로는 생명의 근원이었으며, 지금은 그리운 존재가 되었습니다.

내 인생에는 또 다른 '아버지들'도 계셨습니다. 고등학교 시절 나를 따뜻하게 이끌어주신 김주희 음악 선생님, 에니어그램 공부를 하며 만난 이병창 목사님, 삶의 예술학교에서 만난 이재형 선생님. 이분들은 육신의 아버지는 아니셨지만, 삶의 어느 순간마다 영적인 아버지로서 나를 지탱해 주셨습니다. 그리고 무엇보다, 언제나 나와 함께해주시는 하나님 아버지. 그분은 언제나 내 가장 깊은 외로움 속에서 함께 울어주시고, 차가운 눈물 뒤에 마음의 평온을 내려주시는 분이셨습니다. 삶이 힘겹고 벽 앞에 부딪힐 때마다 내가 가장 깊이 찾게 된 존재, 나를 조건 없이 감싸안아 주신 분. 그분의 응답과 축복은 오늘의 나를 가능하게 해 주었습니다.

나는 지금, 육신의 아버지와 영적인 아버지들을 통해 내가 이 세상에 존재하는 이유를 더 깊이 이해하고 있습니다. 그리고 이제는, 내 삶 안에서 사랑을 어떻게 나누며 살아갈 것인지 스스로에게 묻고, 천천히 걸어가고 있습니다. 과거를 용서하고 품으며, 내게 주어진 생명을 감사히 살아가고 있습니다.

아버지, 감사합니다.
그리고 진심으로… 사랑합니다.

NO.23
조 대 수

네이버 검색: 조대수
연락처: 010-5232-7849
유튜브 검색:
"대수굿TV" 금융, 세일즈 유튜버

화법연구소 대표 / 백년멘토(주) 대표
"대수굿TV" 제일 쉬운 법인영업, 세일즈 심리학 유튜버
화신사이버대학 특임교수(상담심리)
관공서, 기업, 대학교 등 3,000회 이상 소통
리더십 유머 강의
전자책, 종이책 포함 10권 이상 출판
밴드 "조대수의 공감, 소통 멘탈케어" 5천 명 이상
닉네임: 대수굿!, 닥시대수, 대수언니

아버지는 18세 소년병

 아버지, 당신의 이름을 부르며 해가 채 뜨기 전, 여섯 남매가 하나둘 모였습니다. 아버지를 모신 대전 현충원으로 향하는 길, 차 안에 흐르는 말 없는 침묵 속에 우리 마음은 어느새 과거로 천천히 걸어 들어갔습니다.
 막냇동생의 끈질긴 노력, 해병대 장교였던 그의 사명감이 더해져 뒤늦게나마 아버지는 국가유공자의 예우를 받게 되셨습니다. 마침내, 당신의 이름이 조용히 그리고 단단히 나라의 품에 새겨졌습니다. '상병 조해용' 6.25 전쟁에 참전하고, 철원 고지에서 치열했던 전투의 한복판에서 치명적인 부상을 입고, 결국 상병으로 제대하셨습니다. 아버지의 군 계급은 '상병'이 마지막이었지만, 그 용기와 생존의 결정 앞에서 그 이름은 우리 가족에게 가장 위대한 계급입니다.
 아버지는 강원도 정선의 첩첩 산골에서 다섯 형제 중 막내로 태어나셨습니다. 불운하게도 세 살 무렵 부모님을 모두 여의시고, 형수님의 품에서 자라셨습니다. 그 시절, 배움은 사치였고 생존이 우선이었기에 학교는커녕 한글조차 익히지 못한 채 어린 손으로 낫을 들고 어린 몸보다 더 큰 지게를 메고 들판과 산속을 누비던 소년 농군이었습니다. 그리고 18세. 아직도 세상의 어두운 면을 잘 몰랐을 순박한 시골 소년이었던 당신은 강제 징집이라는 이름 아래 군복을 입고 전장으로 끌려가듯 떠났습니다. 1952년에서 1953년. 정전 협상이 지지부진하던 그해, 전사자가 가장 많았던 철원 고지전. 갑작스러운 총소리, 포성, 그리고 어디서 날아올지 모를 수류탄의 공포. 그 한복판에서 아버지는 중공군이 던진 방망이 수류탄에 온몸을 파편으로 덮이셨습니다.

 숨이 붙어있자, 두 명의 중공군이 피 흥건한 아버지의 팔을 잡고 질질 끌고 갔다고 합니다. 의식이 흐릿한 채 끌려가다 '저 고개를 넘으면 끝이다!' 마지막 본능으로 손목을 뿌리치고 산비탈로 몸을 던지셨습니다. 바위에 부딪히고 가시덤불에 긁히고 절벽에서 굴러떨어지며 더 피투성이가 되었지만, 기어이 탈출하셨습니다. 그 밤, 밤새 기어서 아군 초소를 발견하고 후송될 수 있었던 그 기적 같은 생존. 그 선택이 없었다면 우리는 이 세상에 존재할 수 없었겠지요.

 치료를 받으며 혹시나 전선으로 다시 보내질까 두려워 밤마다 상처 부위에 굵은소금을 비비고 오징어 껍질을 붙이고 얼음물을 뿌리며 회복을 지연시켰다는 고백. 그 어린 병사의 인간적인 본능을 아버지는 쑥스러워하며 내게 이야기하셨지만, 우리는 그 고백 속에서 죽음을 무릅쓴 삶에 대한 의지를 느꼈습니다.

 아버지의 전쟁은 그렇게 끝났지만 삶이라는 또 다른 전쟁이 시작되었습니다. 가장이라는 책임으로 당신은 고향 산골을 떠나 탄광이 있는 읍내로 향하셨습니다. 배운 것이 없고, 가진 것도 없었던 당신에게 남은 선택지는 막장뿐이었습니다.

 수백 미터 지하, 칠흑 같은 어둠 속에서 고막을 찢는 드릴 소리와 언제 무너질지 모르는 다이너마이트 터지는 공포를 견디며 당신은 우리 6남매를 위해 일하셨습니다. 그 어둠 속에서, 당신의 몸을 갈아 넣으며 우리의 앞날에 한 줌의 희망이 되셨습니다.

 수많은 광산 사고를 피하고 살아남으셨지만 결국 직업병인 진폐증을 얻으셨습니다. 그리고 제가 스물여덟이 되던 해, 당신은 환갑을 조금 넘긴 나이로, 하늘나라로 떠나셨습니다.

 아버지, 당신이 겪으신 전쟁터와 탄광의 공포는 우리 세대가 짐작조차 하기 어려운 세계입니다. 하지만 당신이 매 순간 보여주신 책임감, 그 성실한 발걸음, 그리고 묵묵한 희생은 지금도 우리 삶을 지탱해 주는 큰 기둥이 되어줍니다. 그래서 우리는 해마다 당신을 기리며, 여섯 남매는 서로를 끈끈하게 이어가고 있습니다. 아픈 어머니도 잘 모시고, 당신이 남긴 그 정신을 삶으로 이어가려 합니다.

 아버지 이름 앞에 고개를 숙입니다. 순간의 판단으로 산비탈에 몸을 던지셨던 그날, 당신은 우리 모두를 살리셨습니다. 그날의 용기와 희생, 그 모든 것에 깊은 감사를 전합니다. 그리고 약속드립니다. 당신의 삶이 단지 가난한 광부의 인생이 아닌, 가족을 살린 위대한 전사의 역사였음을 끝까지 기억하겠습니다.

아버지, 하늘나라에 계시면서도 우리 형제들 곁에 오래도록 기억되며 영원히 살아 계셔 주셔서 감사합니다. 그리고, 이제나마 못한 말을 전합니다.

"아버지 진심으로 사랑합니다."

NO.24
윤 국 주

이메일: ykj254794@gmail.com

연락처: 010-6647-9975

글쓰기활용전문지도사

아버지 사랑법

아버지는 일제강점기와 6·25전쟁이라는 시대의 소용돌이를 온몸으로 겪어내신 분이셨다. 전쟁이 끝난 후에도 삶은 녹록지 않았다. 가족을 먹여 살리기 위해 일본으로 건너가 고된 노동을 하셨다. 그렇게 고생하며 번 돈은 할머니와 다른 두 형제가 다 썼고, 정작 아버지 몫은 한 푼도 남지 않았다고 한다. 아버지는 그 절망감과 상실감이 마음에 깊은 상처로 남아선지, 이유 없이 불쑥불쑥 화를 내시곤 해서 나는 아버지를 무서워했다.

아버지가 웃는 모습을 보이는 일은 극히 드물었다. 평소 말씀이 별로 없으시고 늘 무뚝뚝한 표정이었다. 오직 자신이 짊어진 가장(家長)이란 책임감으로 성격에 맞지 않은 쌀장사를 버텨내셨고, 일곱 남매를 키우며 근근이 생계를 이어 가셨다.

아버지 나이 마흔일곱, 늦은 나이에 막내딸인 나를 낳으셨다. 자식들에게 다정하게 살가운 말 한마디 건네주는 일 없는 아버지지만 가끔 나에게는 과자 사 먹으라고 내 손에 동전을 쥐여 주셨다.

"아버지는 너만 예뻐해."

바로 위 오빠는 나를 부러워했다. 하지만 정작 나는 아버지의 사랑을 느끼지 못했었다. 그런데 어린 시절에 겪은 일 중, 잊을 수 없는 사건이 있었다. 그 일로 나는 아버지를 다시 보게 되었다.

햇살이 따사롭게 마당을 비추고, 작은 풀꽃들은 먼저 피어나겠다는 듯 다투어 얼굴을 내밀던 어느 봄날이었다. 그날, 어린 나는 마당에서 흙을 만지고 놀고 있었다. 식구들은 모두 나가고, 집에는 나 혼자만 남아 있었다. 늘 혼자 남아서 긴긴 하루를 보내야 했던 어린 나는 조용하다 못해 적막하기까지 한 한낮의 풍경에 익숙했다.

문득, 화장실에 다녀와야겠다는 생각에, 놀이하듯 총총걸음으로 돼지우리를 지나 뒷마당 모퉁이에 자리한 화장실로 향했다. 화장실에 앉아 있을 때, 누군가 다가오는 소리가 들렸다. 오빠가 노크하고 안에 있는 내 목소리를 듣더니, 이내 밖에서 문 잠그는 소리가 났다. 순간, 혹시 나가지 못하는 건 아닐까, 하는 불안이 스쳤지만, 곧 '장난이겠지. 내가 나갈 때쯤이면 문을 열어주겠지' 하며 대수롭지 않게 여겼다.

하지만 볼일을 마치고 문을 열어보니, 문은 굳게 닫혀 있었다. 나는 문을 열어달라고 외쳤지만, 밖에서는 아무런 기척도 들리지 않았다. 내 목소리는 점점 커지고, 급기야는 악을 쓰며 온 집안 식구를 다 불렀다. 울음 섞인 외침으로 문을 두들겼지만, 화장실 옆길로 지나가는 사람도 없었다. 시간이 흐를수록 불안과 두려움이 커졌고, 더는 기다릴 수 없어 문 위를 올려다보니, 문과 벽 사이에 작은 틈이 보였다.

'문을 기어 올라가면 저 틈으로 나갈 수 있을까?'라는 생각이 들었다. 고개를 돌려 내려다보니, 얼마 전 정화조를 새로 친 터라, 화장실 바닥은 까마득한 절벽 같았다. 혹시라도 발을 잘못 디디면 끝 모를 암흑의 구덩이로 떨어질 것만 같아 진땀이 흘렀다. 두려움에 땀과 눈물이 범벅이 된 채 나는 문 위로 기어 올라가려고 팔을 뻗었지만, 손에 힘이 들어가지 않았다.

그때, 멀리서 발걸음 소리가 들려왔다. 식은땀이 흐르고 쿵쾅거리던 가슴에 안도의 숨이 번졌다. 나는 울먹이며 문을 열어 달라고 외쳤다. 문이 열리고, 그 앞에는 평소 무섭기만 했던 아버지가 서 계셨다. 아버지는 늦은 점심을 드시려고 가게에서 집으로 오셨던 것이었다. 화장실에 갇혀서 하얗게 질려있는 내 모습을 보신 아버지는 *"화장실에 빠졌으면 어쩔 뻔했어"*라며 놀라셨다. 잠시 후, 아버지는 오빠가 문을 잠갔다는 사실을 알게 되셨고, 화가 나서 오빠를 잡으러 달려가셨다. 날쌘 오빠를 나이 드신 아버지가 따라잡기란 쉽지 않았던지, 지나던 낯선 사람에게 돈을 주며 오빠를 잡아 달라고 부탁하셨다고 한다.

아버지는 그때의 심중이 오빠가 너무 멀리 도망가 버릴까 봐, 그렇게라도 붙잡지 않으면 영영 잃어버릴까 봐, 두려웠다고 하셨단다. 소중한 자식을 잃을지도 모른다는 두려움, 그리고 자신이 문을 열어주지 않았다면 막내딸을 잃을 뻔한 아찔함이 뒤섞인 아버지의 넋이 나간 듯한 멍한 얼굴이 지금도 선명하다. 만약, 아버지가 그날의 속마음을 털어놓지 않으셨더라면 나는 아버지를 뜬금없이 화를 내고, 무뚝뚝하고 무서운 분으로만 기억했을지도 모른다.

그날 화장실에 갇힌 사건으로 나는 밀폐된 공간에 있으면 가슴이 답답해지는 트라우마가 있다. 그러나 무서움 뒤에 감춰진 아버지의 따뜻한 마음, 말없이 모든 것을 주었던 아버지의 깊은 사랑을 깨닫게 해준 소중한 기억으로 간직하게 되었다.

NO.25
유동식

네이버 블로그: 행복촌장

사단법인 한국강사협회 명강사
국가자격 경영지도사
국제뇌교육종합대학원 뇌교육학 박사과정 수료
국가공인 브레인트레이너
스피치 & 소통 역량 강화 전문가
오늘보다 나아지려는 사람들의
변화와 성장을 돕는 「자기경영 코치」

너는 그만 들어가 자거라

나의 아버지는 충청도 공주의 깊은 산골 마을 농부셨다. 내가 어린 시절 살던 고향은 초등학교 때에야 비로소 전기가 들어올 만큼 외진 곳이었다. 나는 9남매 중 막내였다. 위로는 누님 여섯, 형 둘. 형제 많은 집의 막내는 귀하게 자란다고들 하지만, 우리 집은 늘 일손이 부족했고, 아버지는 하루도 쉬지 않고 밭으로, 논으로 나가야 했다.

우리 마을은 집성촌이었고, 절반은 우리 성씨였다. 아버지는 그 집안의 가장 웃어른이었고, 모두가 '대부님'이라 불렀다. 심지어 70대 노인도 아버지를 '대부님'이라 불렀다. 나는 그 호칭이 무슨 뜻인지도 모른 채 어색하고 낯설기만 했다.

그 시절 대부분의 아버지가 그러했듯, 우리 아버지도 늘 과묵하고 엄하셨다. 내가 태어났을 때 아버지는 이미 마흔 중반이 훌쩍 넘으셨고, 내가 초등학생이 되었을 땐 오십이 넘으셨다. 친구들 부모님은 젊고 세련됐는데, 나는 어린 마음에 늘 '우리 집은 할아버지 할머니랑 사는 것 같아'라는 생각이 들었다.

운동회 날, 엄마 아빠 손잡고 달리는 시간은 특히 싫었다. 아버지가 늙으셨다는 사실이 왠지 부끄러웠다. 다행인지, 아버지는 거의 학교에 오시지 않으셨다. 9남매의 생계를 책임져야 했던 그는 언제나 농사일과 씨름하느라 바빴다.

아버지와의 대화는 거의 없었다. 아침에 일어나 '음―'하고 기침 한 번 하시면 그게 말씀이었다.

"일어나라." "눈이 쌓였다, 마당 좀 쓸어라." "밥 먹자."

그 말 한마디 없는 기침 소리에 우리는 알아서 움직였다. 어머니는 달랐다. 따뜻했고, 말이 많으셨고, 때로는 유쾌하기까지 하셨다. 하지만 마음만은 누구보다 단단하셨다. 아버지 역시, 엄하고 무뚝뚝했지만, 알고 보면 여리고 속정 깊은 분이었다.

초등학교 시절, 동네 수박밭 근처를 지나던 날이었다. 친구들과 눈빛을 주고받으며 말없이 결의했다.

"오늘 밤, 한 통 하자."

저녁에 몰래 모여들어 수박밭으로 포복 진입. 잘 익은 수박을 골라 들려는 찰나, 갑자기 목덜미가 확 잡혔다. 도망치려 했지만 소용없었다. 수박 주인이 매복 중이었다.

나는 집으로 끌려가며 엉엉 울었다. 수박 주인은 고래고래 소리쳤다. "다 물어내! 학교에도 알릴 거야!" 공포에 질린 나는 눈물이 멈추질 않았다. 그때 아버지가 방에서 나오셨다. 말없이 상황을 보고 계시던 아버지가 주인에게 소리치셨다.

"알았으니 그만 놔줘. 나랑 얘기하자고." 그리고 나를 돌아보며 조용히 말씀하셨다.

"너는 그만 들어가 자거라."

귀를 의심했다. 혼날 줄 알았고, 회초리까지 맞을 각오였는데… 그냥 들어가 자라고? 그날 밤, 나는 자꾸만 눈을 떴다. 날이 밝는 것이 무서웠다. 그런데도 왠지 마음 한구석이 이상하게 든든하고, 편안했다. 다음 날도, 아버지는 아무 말이 없으셨다. 그 사건 이후 나는 수박밭 근처에도 가지 않았다. 아마 그때 처음으로 알았던 것 같다. 인생에 공짜는 없다는 것과 아버지의 진짜 마음을.

그 사건 이후로 아버지가 다르게 보였다. 말은 없지만, 나를 지키고 계셨다는 걸 그제야 알았다. 한참 후에야 형에게 들었다. 아버지는 그날, 그 수박밭 피해를 전부 배상하셨다고.

시간은 흘러, 나는 대학에 다니다 군에 입대했다. 말년 휴가 중 시골집에 내려왔을 때, 아버지와 소주를 마셨다. 참 오랜만이었다. 다음 날은 오일장이 열리는 날이었다. 아버지는 고추 한 자루를 들고 이른 새벽 버스를 타셨다. 나도 따라 장에 갔다. 장터 국밥집에서 아버지는 소주 몇 잔을 하셨다.

그날, 나는 처음으로 아버지의 노쇠함을 또렷이 느꼈다. 예전의 무서운 호랑이는 없었다. 흰머리, 주름진 얼굴, 굽은 허리의 노인이었다. *"잘 다녀오너라."*

아버지는 고추 판 돈 일부를 내 손에 쥐여주셨다. 나는 그게 아버지와의 마지막 점심이 될 줄 몰랐다. 누나 집에서 자고 있던 새벽, 전화벨이 울렸다. 불길한 예감. 형의 다급한 목소리. *"빨리 병원으로 와."*

아버지는 응급실에 계셨다. 뇌출혈. 의사는 고개를 저었다. 나는 남은 휴가를 전부 아버지 곁에서 보냈다. 그 마지막 며칠, 아버지는 의식이 오락가락하셨다. 간혹 나의 손을 꼭 잡으며 말씀하셨다.

"우리 아들은… 유 하사야…"

그게 마지막 기억이다. 휴가 마지막 날, 아버지는 조용히 하늘나라로 떠나셨다. 가끔 아버지를 떠올린다.

이제는 기억도 점점 흐려지지만, 어느새 내 말투와 눈빛, 어깨 위로 아버지의 흔적이 느껴질 때가 있다. 그럴 때면 조용히 속삭여본다. 그래요, 아버지. 저도… 아버지를 닮았네요.

NO.26
이 선 자

이메일: gksekdls7852@naver.com
유튜브: 한줄의체온

전) 오케이세븐 쇼핑몰운영
현) 뉴스킨사업을 진행하고 있음
현) 장애인자립생활센터 모임 자문위원
저서(공저):『우리 엄마는』

가족을 위해 힘써준 아빠

아빠는 엄마와 달리 나의 진로를 적극적으로 응원하고 지지해 주셨다. 하지만 역시나, 아빠와 깊은 대화를 나누는 시간은 부족했다.

이번에 공동 저자로 참여하며 어릴 때와 현재의 아빠 마음을 담아보고자 한다. 생각만 해도 너무나 후회스러웠지만, 이제야 아빠가 얼마나 소중한 존재인지 비로소 깨닫게 되었다.

1. 아빠의 마음

우리 아빠는 늘 궁금한 게 많으셨다고 했다. 어린 시절, 전구는 왜 켜지고 별이 왜 반짝이는지 궁금해하셨다고 한다. 그런 호기심 덕분에 서울 한양대학교 물리학과에 진학하셨다. 수많은 공식과 실험 속에서도 포기하지 않고 학업을 마친 뒤, 적십자 청년봉사회를 통해 검정고시를 준비하는 학생들을 도우셨다.

학생들과 함께 수학 문제를 풀고 글씨를 써 내려가며 '너는 할 수 있어'라는 용기를 주셨다는 아빠는 그 시절을 이야기하며 웃으셨다. "누군가의 꿈을 응원하는 게 참 좋거든."

아빠와 이야기를 나누면 세상은 조금 더 따뜻하고 믿을 만한 곳이라는 것을 느끼게 된다.

2. 건설회사 직장 생활과 결혼생활

봉사활동으로 학생들과 탁구대회를 개최했을 때, 참가했던 여자친구(현재의 엄마)에게 관심을 가지게 되셨다고 한다. 시간이 흘러, 친구들과 함께 술을 마시다가 프러포즈하게 되었다.

그렇게 두 분은 만남을 이어갔고 행복한 신혼 생활을 시작하셨다. 결혼 전, 아빠는 일본 회사에 계약직으로 취직해 컴퓨터와 외국어를 배우며 성장하셨다.

몇 년 뒤, 현대건설에 입사해 팀장 자리까지 승진하며 많은 일을 책임지셨다. 그렇게 가족을 위해 많은 힘을 쓰셨다.

3. 이제야 아빠에게 쓰는 편지

언젠가 책에서 "말하지 않으면 사라진다"라는 문장을 본 적이 있다. 그 문장을 읽는 순간 눈물이 났고, 한 사람이 떠올랐다. 바로 아빠였다. 살면서 엄마에 대해서는 자주 말하고 글로도 표현했지만, 아빠에게는 늘 한 발짝 물러서 있었다.

가까운 사람일수록 말하지 않아도 알아줄 거라고, 어쩌면 어릴 때부터 그렇게 믿어왔던 것 같다. 하지만 이제야 나는 지난날을 되돌아보게 되었다. 그래서 이제야 말하고 싶다. 아빠에게 감사와 사랑을 전하고 싶다는 것을 이렇게나마 편지로 마음을 전하게 되었다.

사랑하는 아빠에게.

조금 늦었지만
드디어 아빠에게 마음을 전해봅니다.
작업복에 묻은 먼지
구두보다 더 단단했던 안전화를 보면서
항상 가족을 위해 애쓰셨다는 걸 알게 되었어요.
이제는 그 마음을 기억하고 말하고 싶어졌습니다.

고맙습니다, 아빠.
묵묵히 버텨주셔서. 그리고 사랑해요.
이제 아빠도 쉬시면서 건강을 챙기고
여행도 다니시면서 좋은 날들을 보내시길 바라요.
이 글을 쓰면서 죄송하고
늘 감사한 마음을 잊지 않고
살아가야겠다고 생각했습니다.

그리고 꼭 말씀드리고 싶네요.
정말 존경합니다.

NO.27
김 종 호

전화: 010-8571-0063

BMCT 홈닥터(뇌인지 / 마음 / 언어 상호작용 지도사)
웰다잉 전문강사, 사전연명의료의향서 상담사
생명존중·생명나눔 전문강사
전직 군인(해병대 34년 복무)
인성·상담·리더십·임무지휘 교관
양성평등 전문강사
전문상담사, 군상담 슈퍼바이저
닉네임: 떡보

연민의 정을 느끼는 나의 아버지

나에게 아버지는 연민의 정을 느끼는 대상이다. 나는 왜 아버지에 대해 연민의 정을 느낄까?

1. 나의 아버지, 김경무 님의 삶

나의 아버지는 1920년 일제강점기 시대에 태어났다. 우선 큰누나가 기억하는 나의 엄마와 아버지를 비교해서 설명해 보고자 한다.

"엄마는 정말 인정 많은 분이셔서 이웃에 없는 사람들에게 간장, 된장, 김치까지 다 퍼주고 밥 얻으러 온 거지한테도 상을 차려 줄 정도로 사람을 절대 차별하지 않는 분이셨어.

말씀을 논리 있게 정말 잘하셨지만, 시어머니 시집살이, 시누이, 동서들과의 갈등에도 항상 말씀을 아끼셨고 우리 눈에도 화가 나는 부당한 대우를 하는 주변 어른들에게 결코 대들거나 그래서는 안된다고 말을 못 하게 하셨지.

엄마는 친정 동생(지금의 외숙부) 돌보는 걸로 더욱더 엄한 시어머니 시집살이를 하셨지만, 결코 트집 잡지 않으셨고 말년에 치매까지 있으셨던 시어머니를 끝까지 잘 돌보셨다. 그리고 가끔 우리가 너무 무섭고 싫었던 아버지의 한잔 걸치신 애먼 화풀이도 몸으로 감내하셨던 고단한 삶이셨다고 기억되네."

그리운 부모님…. 나는 이 땅이 새롭게 변화될 때 만나 뵐 확실한 희망을 품고 있단다.

 아버지는 과묵하셨지만, 막걸리 한 잔에 인생의 설움을 한탄하셨지. 7남매의 장남으로서 시대적으로 많은 희생을 강요당하셨지만, 형제들은 올바른 대우를 하지 않으셨지. 그렇지만 묵묵히 자신의 인생을 끝까지 살아내신 분이시고 지금 이 나이 들어 생각해 보니 양 어깨에 무거운 짐을 지고 가난한 집안을 꾸려 나가려니 얼마나 힘드셨을까 싶네. 두 분 다 시대의 희생양으로 한이 많은 삶을 살다 가셨다 싶다."

 이상 누나의 기억이지만 나와 거의 비슷한 생각들이 많다. 이제 내가 기억하는 우리 아버지에 대해 추억을 소환하고자 한다.
 아버지도 힘든 삶이었겠지만 매사 가족들로부터 엄마를 보호해 주지 못하는 아버지, 아직도 남아 있는 많은 기억 중 엄마는 밭에서 일하는데 아버지는 집에서 TV 보면서 줄담배를 피웠던 모습, 그리고 저녁만 되면 주막에 가서 막걸리 드시고, 집에 올 때는 온 동네가 떠나갈 정도로 욕설이 섞인 고함이 아직도 귓전에 선하다.
 어떤 때는 술 드시고 길가에 쓰러져 있는 경우에는 내가 리어카를 끌고 가서 실어 온다. 그리고 집에 와서는 절대 조용히 주무시지 않는다. 엄마에 대한 행패와 구타가 난무했고 아직도 그 기억이 쓰라린 트라우마로 남았다. 아버지에 대한 분노 감정과 어머니에 대한 연민이 겹쳐 붉으락푸르락 눈물이 난다.
 평소에 말없이 조용하신 성격이지만 너무 내성적이어서 속에 담아두고 있다가 술의 힘을 빌려 폭발할 땐 완전히 딴사람 같았다.

형·누님들에게 들은 이야기로는 일제 강점기 시절 일본 하태 지역 (한국인 근로자가 일한 일본 하테지역은 '나가사키현의 '야마테(山手) 지역'이며야마테는 19세기 외국인 거주지였던 곳으로, 과거 일본에 거주한 한국인 근로자들도 이 지역에서 일한 사례가 있다)에 노동자로 일하러 가신 적이 있다고 한다.

그 시절 환경과 고된 삶으로 장남으로서 원치 않는 삶을 살아야 했던 인생이 과거 우리 선조들의 역사이기도 하지만 그래서 더욱 가슴 아픈 생각이 많은지도 모른다.

2. 아버지가 나에게 미친 영향

✓ 성평등 : 누구나 남자로 또는 여자로 태어나고 싶어서 탄생한 사람은 없다. 하지만 살면서 그냥 상식선 상에서 가정폭력이 난무하고, 매사 여자가 차별받는 것이 남자가 교육을 못 받은 행동의 죄라고 할 수 있는가?

✓ 정직 : 아버지는 늘 정직을 실천하셨다. 나에게 귀감 되는 일이다.

삼가 고인의 명복을 빌며
옛 기억을 추억 삼아
지금의 나는 후회를 덜 하는 인생을 살고 싶다.
하고 싶은 일 하면서….

NO.28
조윤미

이메일: choym9054@gmail.com

EduNest AI Lap 대표
챗GPT, 캔바강사
AI동화출판지도사, 동화작가
글쓰기활용전문지도사
영진전문대학교 아동창의성계발연구소 연구원 역임
서라벌대학교 겸임교수(전)
대경대학교 보육교사교육원 외래교수(전)
동부산대학교 외래교수(전)
예난슬어린이집 원장(전)

우리 아빠는 마음 따뜻한 교도관

우리 아빠는 경북 예천에 있는 작은 마을에서 7남매 중 장남으로 태어났다. 아빠는 부모님의 농사일을 도우면서도 항상 책을 손에서 내려놓지 않는 공붓벌레였다고 한다.

장남으로서의 책임감도 강해서 동생들이 끝까지 공부할 수 있도록 도왔고, 동생들이 사업을 준비할 때마다 아낌없이 지원해주는 든든한 형이고 오빠였다고 한다. 그런데 아빠는 둘째 부인의 자식이었다, 아빠는 주변 사람들에게 첩의 자식이라는 소리를 들으며 늘 기죽어서 자랐고, 첩의 자식이란 소리가 너무 듣기 싫었다고 한다. 그래서 결혼할 때도 동네 사람이 아닌 충청도 여자인 엄마를 만나 결혼했다.

우리 아빠의 직업은 교도소 교도관이다. 교도소 교무과장으로 한평생 일 하셨는데 아빠의 일은 단순한 공무원의 일이 아니라, 재소자들의 삶에 새로운 길을 열어주는 사명감 같은 일이었다.

형기를 마친 뒤에도 사회의 한 구성원으로서 당당히 설 수 있도록 그들에게 기술과 공부를 가르치고, 스스로 노력하는 법을 알려주는 보람된 일을 하였다. 그렇게 익힌 기술로 일을 하고, 그 수익으로 자립할 수 있도록 묵묵히 돕는 것이 아빠의 기쁨이자 보람이었다.

나는 어릴 적, 교도소 관사에 살았다. 어느 날, 교도소 안에서 한 수감자가 교도관을 인질로 삼고 난동을 부려 교도소가 발칵 뒤집히고 언론에 방송되고 교도소에 비상이 걸린 적이 있다.

나는 그때의 기억이 아직도 생생하다. 퇴근해서 집에 있던 아빠가 급하게 다시 출근했고 그때, 아빠는 누구보다 침착하게 움직였다. 수감자를 진정시키고 설득하고 그 수감자의 어머니를 모셔 와 어머니가 눈물로 호소하여 수감자가 마음을 열게 했다. 다행히 큰 사고와 다친 사람 없이 잘 마무리되었다.

가끔 수감자들이 출소 후 아빠를 찾아와 그동안 감사했다는 인사를 하러 오는 것을 종종 보기도 했다. 그런 사람 중엔 온몸이 문신으로 가득한 사람들도 있었는데 아빠는 늘 따뜻하고 반갑게 맞아주었다. 그런 출소자를 만나면 혹시 무섭지는 않냐는 나의 질문에 가끔 밖에서 만나자는 연락이 오면 솔직히 무서울 때도 있다고 말하곤 허허 웃었다.

아빠는 평소 인자하셨고, 많은 사람이 '호인'이라 불렀다.
아빠의 호탕한 성격 때문에 아빠의 주변에는 늘 사람들이 많았고 주변 사람들에게 항상 호인이라는 말을 자주 들었다. 그런 아빠가 나는 늘 자랑스러웠다. 비록 지금은 이 세상에 계시지 않지만, 아빠가 남겨주신 삶의 가르침과 발자취는 여전히 내 마음속에서 살아 숨 쉬고, 삶의 버팀목으로 남아있다.

또한, 아빠는 취미 부자였다. 어릴 적 기억을 돌이켜보면 아빠는 바이올린과 트럼펫 연주를 잘했고 레코드판(LP 판)을 수집하는 취미가 있어서 거실에서는 늘 전축에서 음악이 흘러나왔다. 거실 책장에는 레코드판 수백 장이 꽂혀있었던 기억이 난다.

아빠는 글도 잘 써서 책도 여러 권 출판했고, 여행을 좋아해서 전국을 돌아다니며 신기한 돌 모양을 수집하는 취미도 가지고 있었다.

동양화에 관심이 많아서 유명한 동양화가의 작품을 수집하는 취미도 가지고 있었는데 아빠가 하늘나라 천사가 되신 엄마 곁으로 가신 후, 아빠가 소중히 수집해 오던 수석들과 벽에 걸려있는 유명한 동양화 작가들의 작품을 볼 때마다 아빠가 그립고 생전에 자주 찾아뵙지도 못했고 효도하지도 못했던 죄스러움에 가슴이 아프다.

아빠는 오랜 기간 당뇨병을 앓았고, 당뇨합병증으로 실명이 되었다. 생의 마지막엔 방광암으로 오랜 세월을 병원에서 투병하다가 2023년 4월 29일, 하늘나라 천사가 되신 엄마 곁으로 가셨다.

아빠가 재혼하고 재혼하신 분을 엄마라고 불러주기를 많이 바랐는데 나는 끝내 엄마라는 말이 나오지 않았다. 새엄마와의 갈등이 심해졌고, 그로 인해 아빠와의 관계마저 멀어져서 자주 찾아뵙지를 못한 채 아빠를 하늘나라 천사 엄마 곁으로 보내드렸다.

하늘나라로 보내드리면서 조차 끝내 하지 못한 말이 있다.

"아빠! 아빠 딸로 태어나게 해줘서
고맙고, 감사해요.
그리고 사랑합니다…."

NO.29
류 정 희

블로그: https://blog.naver.com/tladjr
　　　　(행복부자예스)
인스타: @happyrich_jh

Yes!진로코칭상담소

생명존중강사

디베이트강사

KPC코치

초감성시인

작가

행복부자예스

뒤늦게 깨달은 아빠의 마음
(미안하고 고맙고 사랑합니다)

류 점 득 우리 아빠

류점득 우리 아빠, 엄마와 함께 잘 지내시죠?

점철된 삶의 흔적을 넘겨보는 아빠의 80평생은

득실을 따질 수 없는 참으로 귀하고 근사한 삶이셨습니다.

사랑하는 아빠, 미안하고 고맙고. 사랑합니다.

1941년 5월 1일~2021년 3월 9일, 나의 아빠는 80세의 나이로 하늘의 별이 되셨다. 부모님을 일찍 여의시고 삼 남매 중 막내셨던 아빠는 큰아버지, 고모와도 나이 차이가 많이 나셨다. 아빠는 직업군인으로 생활하시다 엄마를 만나셨고 31살의 나이에 결혼하셨다. 결혼 후 바로 태어난 사람이 바로 나다. 책임질 가정이 생긴 아빠는 월남전에 다녀오셨고 그때 다친 상처로 이후 국가유공자가 되셨다. 직업군인의 삶을 접고 아빠는 귀농을 선택하셨다. 산을 사서 산을 개간하고 집부터 모든 것 하나하나를 당신 손으로 일구어내셨다. 가족의 노동력이 총동원된 귀농 프로젝트는 그렇게 시작되었고 책임감과 성실함이 남달랐던 부모님 덕분에 빨리 정착했다.

밤이 없었으면 좋겠다고 하신 아빠의 열정과 부지런함으로 한재

평양농장이 만들어졌다. 개간된 산과 외딴집은 점점 과수원의 모습을 갖추어가고 외딴집에서 태어난 막내와 6명의 가족은 한재평양농장의 원팀이 되었다.

농사 경력이 없으셨던 부모님이 과수원과 농장을 만들어 가시면서 참으로 많이 싸우셨다. 성격적으로도 거의 반대 성격인 두 분이 함께한 농장은 참으로 다이내믹한 삶의 현장이었다. 갈등 상황에서 입을 다물어 버리시는 아빠와 말로 표현해야 하는 엄마, 그 속에서 우리도 불안하고 힘든 상황이 많았다. 아빠보다는 엄마의 이야기를 더 들어주었던 그 시절, 아빠 입장에서 자식들의 태도에 서운하셨을 때도 많았겠다는 생각이 든다. 그런 아빠는 우리를 늘 믿어주고 묵묵히 기다려 주시는 분이셨다.

외딴집에 살다 보니 집에 전기가 5학년 때인가 들어왔다. 아빠는 호롱불 밑에서 수학을 가르쳐 주셨다. 아궁이 앞에서 구구단을 외우며 동생들과 검사받던 기억과 국민체조를 하며 체력을 단련시킨 아빠의 모습이 떠오른다. 방학 때마다 배운 한자 공부 덕분에 중학교 한자 시간은 늘 자신감에 충만했었다. 아빠 덕분이었다. 공부에 열의가 많으셨지만, 공부를 강요하시진 않으셨다. 질문을 자주 하셨고, 여동생이 대답을 잘했다. 똘똘한 동생 덕분에 질문의 긴장감에서 잘 해방되었다. 하지만 아빠도 나의 마음을 아셨으리라.

아빠는 정말 열심히 사셨다. 눈만 뜨면 일하러 가셨고 늦은 저녁이 되어서야 집으로 돌아오셨다. 그 많은 일을 하시면서 70이 넘은 나이에 다시 공부를 시작하셨고, 세상과 소통하셨다. 엄마의 잔소리에도 그 먼 길을 신나게 다니셨다. 그런 아빠를 마음껏 지지해 드리지 못했다. 몸이 편찮으실 때도 기차 타고 버스 타고 뛰어서 학교에 가셨다가 다시 돌아오셔서 농사일하셨던 아빠, 시간을 쪼개고 쪼개어 사셨던 아빠, 그랬던 분이 대학을 입학하고 코로나가 터져 제대로 학교도 못 다니시고 병상에서 돌아가셨다. 생각만 해도 가슴이 저민다.

병상에 누워계신 상황이 되어서야 나는 아빠의 손과 발을 제대로 주무르고 만져 보았다. 돌덩이처럼 굳은 손과 발은 아무리 주무르고 마사지를 해도 풀리지 않았다. 미안하고 또 미안했다. 우리를 위해 아낌없이 내어주신 손과 발이었는데 말이다.

얼마 전 운전을 하다가 불현듯 아빠의 마음을 만났다. 첫아이를 낳아 친정에 있을 때, 수술 후 잠시 친정에서 머무를 때, 아빠가 인스턴트 죽을 종류대로 사 오신 적이 있다. 그 당시 엄마는 인스턴트 죽을 이렇게나 많이 사 오셨냐고 하셨고 나도 별생각이 없었다. 그런 어느 날 운전대를 붙잡고 오열했다. 20년도 지난 지금에서야 종류대로 죽을 사 온 아빠의 마음을 만났다. 아픈 딸에게 뭐라도 위로가 되고 싶으셨으리라.

부모가 되어도 부모의 마음을 다 알지 못할 때가 많다. 현충원에 모신 아버지는 돌아가시는 그 순간까지 자식들의 수고를 덜어주고 가셨다. 아빠, 미안하고 고맙고 사랑합니다.

NO.30
고 서 현

전화: 010-2646-7172
이메일: koseohyun73@gmail.com

신한대학교 대학원 보건학 박사 수료(통합대체의학)
사)한국대체의학심리상담학회 재무이사
의정부 교육지원청 학생상담자원봉사자회 회장
의정부교육지원청 학부모 생태동아리 부대표
경기도 관내 환경 강사 활동 (유.초.중.고)
동두천양주교육지원청 학폭조사관 (2024~)
환경교육사, 자연환경해설사, 평생교육사, 사회복지사
보육교사, 숲길등산지도사, 유아숲지도사, 한식, 양식, 중식,
복어자격증, 응급처치강사
닉네임: 에너자이저

성실하고 인기 많았던 우리 아빠

우리 아빠, 고길용

아빠가 돌아가신 지도 벌써 10년이 훌쩍 지났습니다. 시간이 흐를수록 그리움은 더 깊어지고, 문득문득 아빠를 떠올리게 됩니다. 이번 기회에 2남 5녀인 우리 형제들이 아빠를 회상하며 지난 추억을 되새겨보고자 합니다.

집안의 든든한 대들보

아빠는 5남 3녀 중 장남으로 태어나, 2남 5녀의 아버지가 되셨습니다. 고향인 부여에 가면 집 앞에 보이는 땅이 아빠 땅이라고 하셨지만, 할아버지께서 노름으로 모든 재산을 탕진하셔서 집안이 풍비박산 났고, 아빠는 모든 형제를 책임지고 키우셨습니다. 그래서인지 아빠는 노름을 끔찍이 싫어하셨습니다.

우리와는 고스톱을 치지 않으셨지만, 명절이면 식구들이 삼삼오오 모여 고스톱을 치는 모습을 흐뭇하게 바라보시며 가족의 화목을 소중히 여기셨습니다.

할머니는 성격이 까다로우셔서 시집살이를 걱정하신 아빠는 혼인신고를 늦게 하셨고, 그로 인해 위로 딸 셋의 출생신고도 늦어져 실제 나이보다 2~3살씩 줄어들었다고 합니다. 제가 27살 때 돌아가신 할머니는 양반집 며느리답게 아주까리기름을 바르고 쪽을 지고 비

녀를 꽂으셨던 모습이 아직도 생생합니다. 깔끔하셨던 할머니가 치매로 고생하실 때, 엄마가 정성껏 돌보셨습니다.

손재주 많고 따뜻했던 아빠

목수 일 하셨던 아빠는 가족을 위해 사우디아라비아에 가서 돈을 벌어오시는 등 정말 열심히 사셨습니다. 그래서 어린 시절엔 함께한 시간이 많지 않았지만, 초등학교 시절 다리를 다쳤을 때 오토바이로 운동장에서 교실까지 안아 데려다주셨던 기억은 아직도 선명합니다. 시골 부엌 아궁이에 불을 때던 그 시절, 학교를 마치고 돌아오면 아빠는 김치볶음밥을 해주시곤 했습니다.

언니들에게는 돼지불고기를 만들어 주셨고, 넷째 언니는 그 덕분에 초등학교 때 살이 쑥쑥 쪘다고 웃으며 이야기하곤 합니다. 저도 아빠를 닮아 요리를 잘하는지도 모르겠어요. 언니들이 아플 때도 아빠는 늘 곁에 계셨습니다. 셋째 언니가 빈혈로 자주 쓰러졌을 때, 넷째 언니가 홍역에 걸렸을 때도 오토바이로 등교시켜 주셨습니다. 그런 따뜻한 배려가 우리에게는 큰 힘이었죠.

집에서는 소, 닭, 돼지를 키우셨고, 새벽이면 국민체조를 시키며 소를 메러 가게도 하셨습니다. 일찍 일어나는 게 싫었지만, 해야 할 일은 반드시 하던 그 시절. 금강 줄기의 새벽 물안개가 불현듯 떠오릅니다. 주말이면 아빠와 함께 소여물을 썰던 기억도 납니다. 저는 작두를 썰고, 아빠는 여물을 넣어주시며 이런저런 이야기를 나누던 그 시간이 참 따뜻했습니다.

아빠는 빨간 고추가 달다고 파란 고추보다 좋아하셨고, 뜨거운 커피 대신, 식혜서 7잔이나 드셨습니다. 저도 뜨거운 걸 싫어하는데,

그런 점도 아빠를 닮은 것 같아요. 상추쌈보다 상추 겉절이를 즐기셨고, 술은 막걸리나 맥주는 배부르다며 소주 대병을 드셨습니다.

성실함으로 사랑받았던 아빠

　정년 후에는 아파트 경비를 하셨습니다. 하루 쉬고 하루 일하는 격일 근무를 10년 넘게 하시며, 쉬는 법 없이 늘 부지런하고 성실하게 사셨습니다. 경비 일 하시면서도 동네 주민들을 많이 도와주셨고, 수도, 전기, 선풍기, 드라이기 등 뭐든 뚝딱뚝딱 잘 고치셔서 인기가 많으셨습니다.
"우리 아빠, 정말 멋쟁이셨다"라는 말이 절로 나옵니다.

언제나 우상이었던 아빠

　아빠를 보내고 난 후, 제 마음 한편에는 늘 그리움이 깊게 자리하고 있습니다. 막내딸인 저에게 아빠는 언제나 우상이었고, 똑똑하고 멋진 분이셨습니다.
　철없던 시절, 아빠께 대들기도 하고 걱정을 끼쳐드린 적도 많았지만, 아빠는 언제나 묵묵히 제 자리를 지키며 저를 품어주셨습니다. 아빠의 단정한 필체와 글을 쓰시던 모습이 아직도 눈앞에 아련하게 떠오릅니다. 지금, 이 글을 쓰는 순간에도 아빠를 떠올리면 마음이 뭉클해지고 눈시울이 뜨거워집니다. 살아계실 때 더 잘해드리지 못했던 일들이 하나둘씩 떠오르며 가슴이 먹먹해지지만, 아빠께서 좋은 곳에서 저희를 지켜보고 계시리라 믿고 싶습니다.

"사랑합니다, 아빠. 아빠의 딸로 태어나 정말 행복했습니다.
진심으로 감사합니다."

4장

아버지의 생애와 나의 이야기

31. 이성근
아버지의 생애와 나의 이야기

32. 송혜선
우리 아빠는 과묵한 기둥

33. 김인경
우리 아빠는 김 희 철(金熹喆)

34. 김송례
소중한 유산

35. 이 진
나를 소중히 여겨 주신 아버지

36. 전병천
뒤늦게 알게 된 아빠의 마음

37. 김미경
말보다 행동과 성실로 쌓아온 인생

38. 임철홍
영원한 슈퍼맨

39. 우정희
내 삶의 교과서

40. 정세현
하늘의 빛나는 별

NO.31
이 성 근

이메일: sklee706@naver.com
연락처: 010-9480-3899

NTB Trade 대표
NTB Total 대표
남촌쭈꾸미 음식점 대표
닉네임: 고래

아버지의 생애와 나의 이야기

아버지는 1923년 평안북도 정주에서 태어나셨다. 어린 시절, 감나무에서 떨어져 허리를 다친 사고로 10시간이나 기절했고, 그 부상은 평생을 따라다녔다. 동산에서 소를 돌보던 중 삼촌의 *"공부 안 하면 평생 소나 지켜본다"*라는 말이 계기가 되어 평양으로 유학을 떠났다. 평양고보를 졸업하고 보성전문학교에 진학했으며, 1946년 고려대로 승격되자 1회 졸업생이 되었다.

일제강점기와 2차 세계대전의 혼란 속에서, 학도병으로 강제 징집되어 훈련받았으나 허리 부상으로 의가사 제대했다. *"훈련 동기들은 오키나와 바다에 수장되었다"*라는 그의 말속에 전쟁의 참상이 묻어 있었다. 해방 후 고려대 법대에서 학업과 총학생회 활동을 이어가며 자유민주주의와 공산주의 세력 간 대립 속을 살았다.

1950년 6.25 전쟁이 발발하자, 북한군 제거 1호 대상자로 지목되어 부산으로 피난했다. 그러나 남겨진 집에서는 참혹한 일이 벌어졌다. 첫 부인과 두 아들 중 한 명은 수류탄 폭발로 사망했고, 큰아들은 볼모로 납치되었다. 분단과 숙청은 아버지의 삶을 무겁게 짓눌렀다. 30대에 안기부에서 반공교육 강사로 일했으나, 허리 통증으로 강의를 그만두고 집필을 시작했다.

그는 자유민주주의와 '대한민국 1만 년 정통사관'에 관한 책을 여러 권 집필했다. 내가 태어났을 때 아버지는 49세였다. 당시 어머니가 생계를 책임지는 모습이 의아했지만, 아버지는 정부 관련 일을 하며 지식인으로 활동하고 있었다.

아버지는 평양 유학 시절 부모 사랑을 충분히 받지 못해 애정 표현이 서툴렀고, 나도 어린 시절 자주 혼났다. 그러나 거실에는 항상 책이 가득했고, 『코스모스』 같은 컬러풀한 책이 어린 나에게 강한 인상을 남겼다. 초등 시절, 『환단고기』를 기반으로 한 1만 년 한국사 발표를 준비했으나 사회적 이해 부족으로 무산된 기억도 있다.

내가 태어난 곳은 종로구 사직동 '인남가옥'으로, 초가집에서 기와집, 그리고 아버지 사후 2002년에 4층 원룸으로 바뀌었다. '인남'은 아버지의 호였다. 아버지의 가족은 분단으로 깊은 상처를 입었고, 서울로 시집온 누나를 제외한 가족 대부분은 숙청당했다. 나와 여동생의 관계는 아버지 사후로 멀어졌다.

여동생은 아버지와의 나이 차이로 학교에서 상처받았고, 한동안 그 한을 이야기했다. 결혼 후 운동하며 조금씩 나아졌지만, 여전히 거리를 두고 있다. 내가 결혼할 때 아내에게 '아이 넷을 낳을 수 있느냐'라고 물었고, 현재 셋의 아이를 키우고 있다. 이는 아버지 형제가 네 남매였던 영향이었다.

첫째 아이가 사직동에서 태어나면서 '나는 누구인가'라는 질문을 다시 품게 됐다. 딸아이 초등 4학년 무렵, 심리상담을 받으며 내 불안의 원인이 부모에게서 비롯되었음을 깨달았다.

아버지는 '홍익인간'을 좋아했고, 나는 환단고기를 통해 단군의 건국 이념과 역사를 배웠다. 아이들에게도 단군을 신화가 아닌 역사로 가르쳤다. 한때 허무맹랑하다고 느꼈으나, 조상의 중요성을 깨닫게 됐다. 현대 교육이 이를 왜곡·은폐한다고 생각하며, 평등한 세상을 꿈꾼다.

아버지는 늘 담배를 물고 책 출판을 위해 후원금을 모았다. 전권은 발간됐으나 후권은 뇌출혈로 쓰러진 뒤 원고 상태로 남았다. 중앙도서관에도 기증되었고, 10여 년 전 출판 제안이 있었으나 무산됐다. 최근 아버지의 역사를 책으로 남길 기회가 생겼다. 아버지는 남자답고 솔직했으며, 사랑 표현은 서툴렀지만 나를 깊이 사랑했다. 할머니가 만주 무역을 했던 것을 보면, 할아버지도 사랑 표현이 부족했을 수 있다. 나 역시 아내를 사랑해야 원만한 가정을 이룰 수 있다고 믿는다.

나는 '수신제가 치국평천하'를 좋아한다. 나를 바르게 세우는 것이 모든 일의 시작이라는 깨달음은 아버지에게서 왔다. 아버지의 삶이 내 길을 밝혀주었고, 나는 그 삶에 감사한다.

NO.32
송 혜 선

인스타그램: suny513
메일: suny513@nate.com

상담심리학, 사회복지, 대학원에서 다문화교육 전공
㈜마음을 그리다 아동 청소년 상담캠프
(사)한국기질 상담협회 청소년상담 및 캠프진행
사랑뜰 가족연구소에서 아동.청소년 심리상담
지역아동센터 '어울림'에서 아동.청소년
집단프로그램진행
부산 생명의전화 '생명존중강사'로 활동중

우리 아빠는 과묵한 기둥

올해로 팔순을 맞이하신 아버지, 사위 넷 포함 우리 가족 남자 외모 순위 1등은 우리 아버지다. 엄마는 가끔 웃으며 *"너희는 나보다 남자 보는 눈은 없다"*라며 농담처럼 말씀하신 적이 있다. 키 180cm에 잘생긴 외모, 술 한 방울도 입에 대지 않는 절제, 그리고 빈틈없이 완벽하고 계획적이신 모습인데 엄마와 연애 시절이나 신혼 때에는 장난도 자주 치는 은근 로맨티스트였다고 한다. 시간이 흐르면서 가족을 지키기 위해 무게를 더 짊어지면서 그 로맨틱함은 점점 과묵함 속에 숨겨졌다.

아버지는 일제 해방 직후 정치·경제·사회적으로 격동하던 시기였던 1946년, 경남 밀양군 삼랑진읍에서 태어나 홀어머니와 남동생과 함께 성장하셨다. 아버지가 없는 자리를 대신해 어린 나이에도 동생을 데리고 이 산 저 산을 다니며 땔감을 해오고 오일장에서 건어물 장사를 하시던 어머니의 장사를 도우며 물건을 실은 리어카를 끌고 10리를 걸으셨다. 학교 가는 날에도 빠짐없이 책임을 다하셨다.

혼자 고생하시는 엄마를 보며 집안의 기둥이 되셨고 어린 나이에 이미 가장의 무게를 짊어지셨다. 어린 시절의 경험이 아버지를 강인하게 만들었고, 절제와 계획성이 몸에 밴 사람이 되게 했다.

하사관 제대 이후 아버진 다양한 사업을 시도하셨다고 했다. 큰돈은 장사를 해야 벌 수 있다고 생각하신 듯 도전을 거듭하며 청년기를 보내셨다. 다시 집으로 내려와 할머니의 장사와 과수원을 도우며 엄마를 만나 결혼했고 새로운 삶에 희망을 품게 되었다.

나의 어린 시절 첫 기억은 3살 무렵 국수 가닥이 가득한 집의 모습이었다. 긴 국수 가닥을 아버지께서 널고 계셨고, 엄만 국수 배달을 다니셨다. 시간이 나실 땐 바닷가에서 산책을 시켜주셨는데 아직도 드넓은 바닷가를 뛰어다니며 환타를 사주시던 다정한 모습이 떠오른다.

다시 시골 할머니 곁으로 내려가 갖가지 과일 농사와 복숭아 과수원, 벼농사까지 고된 시골 삶이었지만 딸 넷으로 늘어난 우리 가족은 넓은 들판과 흙냄새 속에서 유년기의 추억을 쌓을 수 있었다. 어린 시절 시골에서 만난 친구들과는 아직도 만나며, 삶을 이야기하고 인연을 이어가고 있다.

시골에서 아버지는 일한 만큼 거두어들일 수 있다는 걸 체감하셨고, 남들보다 우수한 작물들을 키워 수입으로 연결, 지역을 위해서도 도움을 아끼지 않아 자신의 능력을 인정받으셨다. 지역장 추천으로 일본 유학을 권유받았지만, 딸들의 교육을 위해 다시 부산행을 강행하셨다. 그만큼 딸들의 앞날에 대해 걱정하시고 미래를 계획하며 자신의 삶을 가족들을 위한 삶으로 헌신하셨다.

많은 식구와 부산에서 자리 잡기도 쉽지 않아 고민이 되셨을 텐데 어린 시절부터 길러진 책임감으로 견디며 단단한 기둥이 되어 딸들이 가지를 펼치고 열매를 맺을 수 있게 잘 버텨주셨다. 엄마가 자궁

암으로 수술받게 되었을 때도 딸 넷을 엄마 없이 키우게 될지 걱정하시고 불안하셨을 텐데 그 시간을 혼자 묵묵히 견디셨다. 큰딸인 내가 가장 안타까운 부분이 내가 아들이었으면 아버지가 좀 든든하셨을까? 덜 외로우셨을까? 하는 것이다.

다행히 젊은 나이라 엄마가 잘 견뎌주셨고 두 분이 25년 동안 과일 가게를 하셨다. 아버지의 강점인 성실함과 계획적인 성격으로 엄마와 훌륭한 콜라보로 장사 은퇴까지 우린 안정되고 편안하게 생활할 수 있었다. 은퇴 후 복지관에도 다니며 취미활동도 하시고 쉬는 법도 배우고 두 분이 편안한 시간을 보내시며 노년을 즐기실 때 두 분에게 큰 병이 찾아와 투병 중이다.

아버진 작년 대장암 2기로 로봇수술을 받으셨지만 잘 이겨내셨고, 건강 관리를 더 철저히 하셨지만, 두 달 전 엄마가 말기 암으로 호스피스 병동에 들어가시면서 예전보다 힘이 없어 보이신다. 딸 넷이 모여 웃고 떠들어도 아버지의 눈빛은 아래로 향해 계신다.

아버지는 아들이 없는 집에서 외로우셨을지도 모른다. 그러나 묵묵히 성실한 아버지가 계셨기에 우리는 안정된 가정에서 행복하게 살 수 있었고, 우리 네 자매는 각자의 가정의 행복을 위해 살아갈 힘을 가질 수 있었다.

"아버지, 엄마 옆에서 든든한 가장으로
지금까지 우리 가족의 기둥이 되어 주셔서 감사합니다."
"엄마의 마지막을 앞에 두고 있지만
최선을 다한 아버지 힘내세요! 존경하고 사랑합니다."

NO.33
김 인 경

전화: 010-2714-0942 김인경
블로그: https://m.blog.naver.com/imary3727
자담인 '은빛여우' 쇼핑몰: https://jd103648.jadamin.kr

1970년 4월 경남 마산에서 출생
5살 이후로 서울에서 거주
2007년 결혼 이후 신랑, 딸과 전주에서 거주
자담인 상담 매니저
부동산중개사무소 실장으로 활동 중

우리 아빠는 김희철(金熹喆)

　1939년 토끼띠, 호적상으론 1940년 2월 4일, 이 땅에 오셨던 우리 아빠 김희철. 2004년 11월 24일, 향년 64세로 흔적 없이 세상에서 사라지셨다. 그로부터 얼마 후 방송에서 '김희철'이라는 이름이 자주 들려왔다. 슈퍼주니어 멤버 이름이었다. 아빠 이름도 김희철이다. 방송에서 나오는 연예인 김희철은 우리 아빠와 전혀 다른 이미지였지만, 그 이름 석 자를 듣는 것만으로도 정겹고 위안이 되었다. 동시에 아빠에 대한 애잔한 향수에 젖어 들게 했다. 나는 아이들을 좋아하고, 강아지를 좋아하고, 비 오는 날을 좋아하고, 칠성사이다를 좋아한다. 아마 이 모든 것이 아빠와의 추억거리이기 때문일 것이다.

　아빠는 군인이셨다. 군인이셨던 아빠는 대전 현충원에 안장되셨다. 그곳이 아빠의 유일한 흔적이다. 군인이신 아빠를 따라 5살 무렵 서울에 정착하기까지 이사를 참 많이 다녔다. 우리 집은 2남 2녀인데, 태어난 곳이 다 다르다. 큰오빠는 전남 광주, 작은오빠는 강원도 인제, 나는 경남 마산, 막내 여동생은 서울에서 태어났다.

　아빠는 근엄했고 부지런했다. 동시에 인자하고 자상하셨다. 핸드폰이 없던 시절, 친구들이 집에 전화해 *"인경이네 집이죠?"* 하고 물으면, *"인경이 아빠 집이다"* 라고 농담도 곧잘 하셨다. 아이들이 놀러오는 것을 좋아하시는 다정한 분이셨다.

　그 시절엔 동네에서 족보 있는 진돗개를 키우는 게 유행이었다.

어느 토요일, 진돗개를 택시에 태워 화양동에서 중곡동까지 데려가 셨다가 그만 목줄을 놓쳐 잃어버리고 오셨다. 그날 아빠는 속상해하시며 술을 드시고 주무셨다. 그런데 일요일 이른 아침, 마당에서 크게 짖는 개소리에 식구들이 모두 깜짝 놀라 마당으로 뛰어나갔다. 우리 집 진돗개가 집에 돌아와 있었다. 아빠는 걸어갔다면 모를까, 택시를 타고 가서 못 찾아올 거라 낙담하고 계셨는데, 똑똑하고 후각이 좋은 진돗개는 그 먼 거리에서도 집을 찾아와 마당에 떡하니 버티고 있었다. 그 일로 아빠는 약간의 경쟁 관계에 있던 이웃집 아저씨네 진돗개보다 우리 진돗개가 더 낫다는 생각에 우쭐해하셨다. 그 집 진돗개는 그런 실험을 해볼 수도 없었을 테니 말이다.

아빠는 40세에 머리가 백발이 되셨다. 유전이었다. 남자 형제분들 모두 백발이어서, 가족사진을 찍으면 큰아버지, 작은아버지, 아빠 머리가 백발이라 마치 벚꽃이 활짝 핀 것 같은 느낌이었다. 그런 아빠의 백발을 딸인 내가 물려받았다. *"닮아도 왜 하필 안 예쁜 백발을 딸이 닮았냐?"*라고 엄마는 말씀하시곤 했지만, 포마드를 발라 가지런히 정리되고 윤기 나던 백발은 아빠의 트레이드마크셨다.

육군본부에서 사복 차림으로 일하실 때, 자기보다 직급이 높은 사람도 경례하고 갈 때가 있었다고 하셨다. 아빠는 그러면 능청스럽게 인사를 받으셨단다. 아빠랑 버스를 타면 모두 자리에서 벌떡 일어나 자리를 양보해 주곤 했다. 뒤따라 타던 나는 그런 모습이 우스웠다. 5살 무렵, 서울에 가족들이 정착하면서 아빠와는 잠시 떨어져 살았다. 부산에 계신 아빠를 기차 타고 보러 가는 건 당시 막내딸이던 내가 누리는 특권이었다. 7살 무렵 아빠가 서울 육군본부에서 근무를 시작하시면서 함께 살게 되었다.

아빠가 퇴근하시는 시간은 저녁 6시로 항상 일정하셨다. 비가 오는 날 우산을 못 챙겨가셨을 땐, 학교 앞 육교까지 우산을 들고 마중을 나가기도 했다. 통근버스에서 내려 집으로 오는 동안 아빠와 대화를 나누며 빗길을 걸었던 추억이 참 많다.

고등학교 무렵, 육군본부가 대전으로 이전하면서 아빠와 또 떨어져 살게 되었다. 아빠는 퇴직하시고 만 3년 만에 급성 간염이 간암으로 진행되어 6개월 만에 돌아가셨다. 매주 목요일 오후, 아빠를 보러 대전으로 내려갔다. 병원에 누워 계셨던 아빠는 소화가 잘 안되셨는지 식사 후 항상 칠성사이다를 드셨다. 캔 사이다를 따다가 입구에 맺힌 사이다가 흐를까 봐 호로록 마셨는데, 아빠는 내가 먹고 싶어 한다고 생각하셨나 보다. *"한 입 먹고 주라"*고 하셨다. 극구 사양했지만, 아빠 말씀에 따라 칠성사이다를 한 입 마셨다. 나에 대한 아빠의 마지막 사랑 표현이었다. 자식을 먹이고 싶어 하는 부모의 마음이었다. 그래서 나는 칠성사이다를 보면 아빠가 떠오른다.

3개월은 버티실 거라 병원에서 말했는데, 아빠는 1주일 만에 돌아가셨다. 점점 차가워지는 아빠의 손을 잡고서, *"마지막까지 귀는 열려있다"* 라는 말이 생각나 *"사랑한다."* 라는 말만 계속 들려드렸다. 막내딸로 아빠의 사랑을 듬뿍 누리며 살았던 나에게, 아빠의 부재는 너무나도 큰 허전함과 그리움을 남겼다.

자상하고 유머 있고 부지런하셨던 나의 아빠. 어린 시절 가족사진 속에서 내 손을 지긋이 잡고 계시던 아빠의 사랑은 지금도 내 삶의 원동력이 된다. 어쩌면 성격도, 백발의 외모도 내가 아빠를 가장 많이 닮았기 때문에 아빠에 대한 사랑과 그리움이 더 깊은가 보다.

"사랑합니다, 나의 아빠."

NO.34
김 송 례

이메일:
Srkim57@naver.com

GnB영어전문학원 원장
GnB영어전문교육(주) 전남서부 본부장
캐나다 마운틴뷰교육청 한국사무소 전남본부장
아이러브스터디 대표
스마트 EXE 이사
대한 최면심리치료사
심리상담사

소중한 유산

내게 소중한 유산인 우리 아버지의 이야기를 책으로 담아본다.

1. 선한 성품을 지닌 아버지

법 없이도 살 수 있을 만큼, 선하시고 언제나 긍정적인 미소를 지니셨던 나의 아버지. 아버지가 살아오신 시대의 문화와 고정관념은 쉽게 변하지 않았지만, 지금 내가 사는 세상은 그와는 많이 달라졌다. 가문을 중히 여기셨던 조부님은 종손이 잘되기를 바라셨고, 내 가족보다 종가댁을 더 살뜰히 챙기셨다. 그 덕에 종손의 자녀들은 비교적 순탄하게 살았다.

2. 조부님의 삶과 아버지의 어린 시절

조부님은 많은 전답과 배 한 척을 가진 부유한 분이셨다. 늘 어려운 이웃을 도우며 선한 마음을 실천하셨다. 그러나 장남의 갑작스러운 죽음, 조모님의 병환, 친척의 보증 문제로 인한 재산 상실은 아버지의 어린 시절을 순식간에 뒤흔들었다.

태어난 지 얼마 되지 않은 막내 여동생을 살리기 위해 동네 아주머니들께 동냥 젖을 얻어먹이며 어린 나이에 가장의 무게를 짊어져야 했다. 그 시절의 무거운 어깨가 눈에 선하다.

3. 형제에 대한 남다른 사랑

그래서였을까. 아버지는 형제에 대한 애착이 유난히 깊으셨다. 동생을 만나고 오신 날이면, 손목시계든 새 신발이든, 가진 것 중 무엇이든 다 내어주셨다.

하나뿐인 동생이 안쓰러워서였을까. 가진 것이 적어도 주고 싶은 마음은 더 컸다. 그럴 때면 어머니와 언성이 오르기도 했지만, 힘든 살림에 지쳐 있던 어머니의 마음 또한 이해된다.

4. 자식에 대한 조용한 사랑

아버지는 평소 말씀은 적으셨지만, 자식에게 화를 내거나 꾸짖은 적이 단 한 번도 없으셨다. 늘 좋은 환경을 만들어주지 못한 것을 미안해하셨고, 그 마음을 깊이 감추셨다.

조부모로부터 아버지, 그리고 나에게까지 이어져 내려온 그 온화한 성품은 무엇과도 바꿀 수 없는 소중한 유산이다.

5. 바다와 싸운 평생

아버지는 평생 거친 파도와 맞서며 쉬지 않고 일하셨다. 그러나 삶은 쉽게 나아지지 않았다. 어느 날, 바다 한가운데서 큰 사고를 당해 헬기로 이송되셨고, 3일간 의식이 없으셨다.

기적처럼 깨어나셨지만, 후유증으로 평생 통증에 시달리셨다. 밤마다 잠 못 이루시는 모습이 아직도 눈앞에 선하다.

6. 너무 짧았던 이별

그 고비를 넘기고 이제 좀 편히 사시려나 했지만, 느닷없이 간암 말기 시한부 3개월 진단을 받으셨다. 투병 끝에, 충분히 작별할 시간조차 주지 못한 채 먼 길을 떠나셨다.

"너희들을 끝까지 책임지지 못하고 짐만 주고 떠나게 되어 미안하구나!"

마지막 인사를 남기고 떠나신 내 아버지의 묵직한 마음이 지금도 나를 붙잡는다.

7. 끝나지 않은 그리움

평생 고생만 하셨던 나의 아버지.

오늘도 그리움이 가슴 깊이 밀려와 보고 싶은 마음에 눈가가 젖어 온다. 아버지의 미소와 온화한 눈빛은 여전히 내 마음속에서 살아 숨 쉬고 있다.

오늘따라 아버지가 더욱 그립습니다.

NO.35
이 진

블로그: 오생단 깨끗해짐지사
전화: 010-4404-5043

말기암 아들을 지원하는 엄마
오생단 깨끗해짐지사 대표
세종시평생교육진흥원 문해강사. 한국어 강사
세종시교육청 소속 마을교사
세종시교육청 평생교육원 강사
공주시교육지원청 느린학습자 지원 교사
충남도청 퇴직

나를 소중히 여겨 주신 아버지

　우리 아버지를 생각하면 언제나 마음이 흐뭇하다. 나를 너무나도 소중히 여겨 주신, 자녀에 대한 사랑이 한정 없는 분이셨다.
　내 아버지는 나를 너무나도 소중히 여기셨고, 자기에게 속한 사람들에 대한 사랑이 지극하셨다. 시정을 할 일이 생기면 자녀들의 특성에 맞게 조곤조곤 설명해 주셔서 모두가 감동의 눈물을 흘리며 교훈을 받았던 것이 생각난다. 화를 내거나 고함을 지르지 않으시고, 항상 우리의 눈높이에서 이해할 수 있도록 차근차근 설명해 주시던 모습이 지금도 선명하다.
　우리 아버지는 항상 일하셨다. 내가 어렸을 때부터 항상 일하시는 모습이었고, 돌아가시기 전까지 늘 움직이며 부지런히 일하셨다. 아버지의 부지런함에 대해서는 내가 중학교 3학년 때 담임선생님도 종종 조회나 종례 시간을 이용하여 말씀하시곤 하였다. 담임선생님이 새벽에 일찍 일어나 동네가 내려다보이는 큰 도로를 자전거로 지나다니며 보신 바에 따르면, 맨 윗집인 우리 집만 항상 제일 먼저 불이 켜져 있었고, 다시 내려올 때 한참 후에야 다른 집들에서 한둘씩 불이 켜졌다고 하셨다. 그만큼 아버지는 새벽 일찍부터 하루를 시작하시는 분이셨다.
　또한, 높은 수준의 정직성과 거짓이 없는 투명하고 순수한 마음을 모든 자녀에게 물려주신 매우 도덕적이고 양심이 예민하신 분이다.

그래서 사람의 도리를 위해서는 자신의 목숨도 아끼지 않으셨는데, 대표적으로 생각나는 사건이 있다.

아버지가 미8군 방역대에서 자동차 정비사로 일하셨을 때의 일이다. 자동차 정비를 하던 중 자동차에서 화재가 발생하여 언제 폭발할지 모르는 위험한 상황이 발생했다. 아버지는 일단 피신했지만, 자동차 안에서 작업하고 있던 임영남이라는 직원이 보이지 않았다. 아무도 들어가 구출하려는 사람이 없자, 아버지가 다시 불길 속으로 들어가 기절한 그 사람을 끌고 나오자마자 자동차가 폭발했다는 이야기를 들었다. 이는 내가 매우 어렸을 때, 이후 세상에서 가장 절친한 친구가 된 영남이 아저씨의 아내이신 '아줌마'가 해주신 말씀이다. 그 일을 계기로 두 분은 돌아가실 때까지 평생의 친구가 되셨다.

이렇게 사람들에 대한 사랑과 측은지심이 매우 강하셨지만, 절대 허용하지 않는 것이 있었다. 거짓말과 자신의 신분을 벗어난 일을 결코 허용하거나 용서하지 않으셨고, 그럴 때는 매우 단호하셨다.

국민학교 1학년 때, 학교에 가기 싫어 가지 않은 날이 있었다. 하필 그날 아버지가 학교에 오셨고, 내가 결석한 것을 아셨다.

"네가 학생인데 왜 학교를 가지 않았냐. 학교에 가는 것은 아빠가 너희를 위해 매일 일하는 것과 같다."

아버지는 '이것은 매우 나쁜 일'이라며 "매우 나쁜 일을 한 사람은 벌을 받아야 한다. 매를 몇 대 맞겠느냐?"라고 물으셨다. 나는 "한 대"라고 대답했고, 아버지는 정말로 강하게 한 대를 때리셨다. 그날 나는 놀라 쓰러지고 억울해 울었던 기억이 난다. 하지만 지금 생각해보면, 그것은 나에게 책임감과 성실함의 중요성을 가르쳐주신 소중한 교육이었다.

그 이후로 무슨 일이 있어도 단 한 번도 학교나 직장에 빠진 적이 없었다.

이렇게 거짓말과 속이는 것을 싫어하셨고, 또 한 가지 당부하신 말씀이 있다.

"너희들은 어떤 직업을 가져도 좋다. 다만, 장사와 농사일은 하지 마라. 장사는 거짓말을 하지 않을 수가 없는 직업이고, 농사일은 너희에게 너무나 힘든 일이기 때문이다."

아버지에 대해 하고 싶은 이야기는 너무나 많고, 일화도 많아 이 짧은 지면으로는 다 담을 수 없을 정도다.

나는 '우리 아버지와 같은 사람과 결혼해야지'라는 생각을 했었다. 하지만 고등학교 3학년 때 아버지가 내가 대학에 가지 않도록 선생님께 부탁했다는 말을 듣고, 큰 배신감과 실망을 느꼈다. 당시에는 아버지의 진심을 이해하지 못했다.

아버지의 마음과 진심을 알고 이해하기까지는 참으로 긴 시간이 걸렸다. 세월이 흘러 나이가 들면서 비로소 그때의 아버지 마음을 헤아릴 수 있게 되었다.

수많은 일화가 있지만, 나를 포함한 모든 동생에게 매우 높은 도덕성과 정직성, 거짓 없는 투명함과 민감한 양심, 최선을 다해 일하는 태도, 올바른 것을 위해 자신의 목숨도 아끼지 않는 희생정신, 무엇보다 자신에게 속한 사람들에 대한 사랑과 책임을 가장 중요하게 여기도록 몸소 보여주신 사랑스러운 아버지께 깊은 감사를 드린다.

NO.36
전 병 천

네이버 검색: 성현쌤 (전병천)
유튜브 검색: 한국콘텐츠능률협회
오픈채팅방: 마인드 메이커 성현쌤

한국콘텐츠능률협회 회장

성현쌤 아카데미 대표

홍보마케터 350명 양성

온라인 강사양성 120명 양성

온라인 강의 수강생 900명 양성

무료특강 수강생 1만명

뒤늦게 알게 된 아빠의 마음

시간은 참으로 묘하다. 어린 시절에는 아버지가 그저 큰 어른으로만 보였는데, 이제 내가 그때 아버지 나이가 되고 보니 그분이 얼마나 젊었는지, 그리고 그 젊은 나이에 얼마나 많은 것들을 감당해 내셨는지 비로소 알게 된다.

마장동 신촌택시 앞 옷 수선 가게를 운영하시는 어머니 가게에 딸린 조그마한 방에서 다락방을 쓰던 8살의 나. 그 작은 공간은 온 가족의 보금자리였고, 어머니의 재봉틀 소리와 함께 하루하루가 흘러갔다. 새벽부터 밤늦게까지 바느질하시는 어머니의 등 뒤로 보이던 아버지의 모습들이 이제는 더욱 선명하게 기억 속에서 되살아난다. 그 시절 아버지는 생각과 감정을 있는 그대로 표현하지 못하던 문화와 가장으로서의 권위를 지켜야 한다는 무언의 압박감 속에서 살아가고 계셨을 것이다.

8살 무렵 저녁 느지막한 여름날 아버지와 함께 배드민턴을 치던 기억이 지금도 생생하다. 아파트 단지 앞 작은 공터에서, 석양이 지는 시간이었다. 와이셔츠 소매를 걷어 올리고 넥타이를 느슨하게 풀어 헤치신 채 라켓을 들고 계신 아버지. *"야, 제대로 쳐봐. 그렇게 하면 어떻게 하냐."* 웃으시면서 못 한다고 구박하시던 목소리에는 야단치는 것 같으면서도 어딘가 다정함이 묻어있었다.

서툰 내 동작을 보시며 고개를 저으시면서도, 셔틀콕이 엉뚱한 곳으로 날아가면 묵묵히 주워다 주시던 아버지. 그때는 몰랐지만, 퇴근 후 피곤하실 텐데도 어린 아들과 함께 시간을 보내려 하셨던 것이었다. 배드민턴을 치고 난 후에는 여동생과 함께 네 식구가 손을 잡고 마장 갈빗집에서 갈비를 구워 먹던 그 시절이 너무 그립다.

지금 나는 그때 아버지의 마음을 헤아릴 수 있는 나이가 되었다. 어릴 때는 아버지가 정이 없고 일밖에 모르는 사람으로만 보였다. 새벽 일찍 나가서 늦게 들어오시고, 집에 계실 때도 신문을 보시거나 TV를 보시며 우리와는 거리감이 있으셨다. 지금 생각해 보니 그 시절 아버지 나이는 고작 32세였다. 서른두 살의 젊은 아버지가 가족을 부양해야 한다는 책임감, 아직 사회에서 인정받기 위해 치열하게 노력해야 하는 나이, 그리고 두 아이의 아버지로서 어떻게 해야 할지 모르는 막막함까지 안고 계셨을 것이다. 내가 지금 그 나이를 훌쩍 넘어서고 보니, 그때의 아버지가 얼마나 어렸는지 새삼 깨닫게 된다.

내 나이 15살 때 아버지의 사업이 잘되어 큰 아파트로 이사하며 형편이 꽤 좋아졌다. 갑자기 찾아온 풍요로움에 온 가족이 들떠있었고, 아버지는 그때 처음으로 여유로운 미소를 보여주셨다. 하지만 행복은 오래가지 않았다. 18살이 되던 해 사업이 부도나면서 내 인생도 뒤바뀌었다. 하루아침에 모든 것이 무너져 내렸다. 가족이 뿔뿔이 흩어지게 되었고, 아버지는 공문서 사문서위조와 여러 사유로 인해 구속되었다. 그 당시 아버지 나이는 고작 42세였다.

군대를 다녀온 후 내 나이 23살, 아버지 47살이 되던 해 출소하시고 온 가족이 다시 모였다. 하지만 몇 년간의 공백은 생각보다 컸다.

아버지는 기강을 잡기 위해 노력하셨지만, 성인이 된 우리 남매는 적응하기 어려웠다. 결국 나는 복학하고 여동생은 자취를 시작했으며, 부모님은 이혼하시게 되었다.

아버지는 출소 후 하루에 4가지 아르바이트를하며 가장 역할을 하려 무던히 노력하셨다. 새벽 배송, 공사 현장, 식당일, 경비 일까지. 마흔일곱 살의 나이에 그런 고된 노동을 견디며 조금씩 돈을 모으신 후, 조그마한 정육 도소매를 시작하셨다. 한번 실패를 겪으셨기에 더욱 신중하고 꼼꼼하게 사업을 키워나가셨다.

아무것도 없는 황무지에서 47세에 다시 일어선다는 것은 결코 쉽지 않은 길이었다. 현재 내 나이 46세가 되어 헤아려보니, 체력도 예전 같지 않고 새로운 것을 배우기도 어려워지는 나이에, 전과자라는 꼬리표까지 달고 사회에 다시 나선다는 것이 얼마나 용기 있는 일인지 알 수 있다.

지금은 70세가 넘으셔서 예전의 권위적인 모습은 사라지고, 손자들과 장난치시며 웃으시는 평범한 할아버지가 되셨다. 가끔 *"그때는 참 힘들었다"*라고 회상하시며 모든 것을 감당하기 어려우셨다는 것을 고백하신다.

출소하셨을 때의 아버지 나이 47세, 현재 내 나이 46세. 시간은 참 묘한 것이다. 어느새 나도 아버지의 그 시절 나이가 되었고, 이제야 그분의 마음을 조금이나마 알 것 같다. 늦었지만 이제라도 알게 되어 다행이다.

그리고 아버지, 고생하셨습니다. 사랑합니다.

NO.37
김미경

이메일: butury2@naver.com

전) 현대백화점본사 15년 근무
인재개발팀, 신용판매팀, 회원상담실
(국민연금, 고용보험담당, 백화점신용카드)
전) 삼성생명, DB생명, 한화손해보험 근무
현) 하이퍼매니지먼트
생보, 손보, 변액자격증, 가계재무분석상담
실버브레인건강지도관리사자격증(치매인지검사)
(BMCT 1:1치매극복훈련지도과정이수)
저서:『내 삶의 좌우명』『내 삶을 바꾼 책』
　　『내 삶을 바꾼 습관』『내 삶의 버킷리스트』
　　『내 삶의 건강 비결』『우리 엄마는』

말보다 행동과 성실로 쌓아온 인생

「집안의 자랑, 잘생긴 막내아들」

어느 시골 마을에 기골이 장대한데 꽃미남같이 잘생긴 인기 많은 청년 하나가 있었다. 술도 잘 마시고, 노래도 잘했다. 잘생겼다고 소문난 2남 3녀 중 막내아들이었다. 부모님의 사랑을 독차지할 정도로 어릴 적부터 귀염받고 자란 아들, 그가 바로 우리 아빠다.

「어머니를 여의고」

그러던 어느 날 우리 아빠는 일찍이 할머니를 하늘나라로 보내게 되었고, 녹록지 않은 어린 시절을 보내야 했다. 나중에 들은 얘기지만 할머니는 위암으로 돌아가셨다고 한다.

학창 시절 우리 아빠가 학교에 오시면 언제나 "너무 잘생기셨다"라는 소리를 듣곤 했다. 그 소리에 나도 어깨가 으쓱, 기분이 참 좋았던 기억이 난다.

그런 아빠가 결혼하시고 2남 3녀 우리 5남매를 낳으신 뒤로는 가장의 무게에 얼마나 어깨가 무거우셨을지…. 지금도 힘든데 그 시절 얼마나 힘드셨을까 싶다. 나도 자식을 키워보니 정말 쉽지 않은데, 그래서 우리 아빠가 참 대단하시다는 생각이 많이 들었다.

「사우디로 떠난 청년 가장」

정주영 회장이 한창 활동하던 그 시절에 우리 아빠도 중동 지역인 사우디아라비아에 가셨다. 다행히 아빠는 보기 드물게 화초를 키우는 일을 하게 되었고, 그렇게 사우디에서 3년을 일하고 오셨다.

「새벽 4시, 하루의 시작」

한국에서 다시 새롭게 자리를 잡기까지 인생의 무게를 묵묵히 견뎌오며 정년 퇴임하기 전까지, 아빠의 인생 시계는 언제나 새벽 4시에 시작했다. 누가 시킨 것도 아닌데 새벽 4시면 어김없이 회사에 출근하시고, 그런 아빠의 모습에 회사는 감동했고, 그 회사에서 아빠는 진급도 하시고 정년 이후까지도 활발하게 일을 하셨다.

「암과의 사투, 그리고 기적」

최소한 암이란 녀석을 만나기 전까지는 그랬다. 5년간의 폭풍이 휘몰아치듯 한 항암치료와의 사투를 벌이며 생과 사를 오가며, 결국은 잘 이겨내셨다.

「말 없는 사랑, 행동으로 보여준 사랑」

때로는 자녀에게 받은 용돈을 10년간 모아 봉투째로 "손자 학비에 보태라"라며 내놓으시던 우리 아빠. 동생에게 그 얘길 전해 듣고 난 후, 평소에 표현을 잘 안 하시다 보니 자녀로서는 '우리를 사랑하시지 않나' 싶은 생각도 많았던 아빠의 그 묵직하고 깊은 사랑에 하염없는 눈물이 두 뺨에 비 오듯 흘러내렸다.

이제야 확실히 알았다. 언제나 아빠는 말보다는 소리 없이 행동으로 보여주셨고, 결과로 보여주셨다. 꼼꼼하게 가계부까지 쓰시는 줄도 얼마 전에야 알았다. 그런 아빠의 영향으로 자연스레 나도 새벽형 인간으로 살게 되었다.

부모의 깊고 깊은 사랑은 말이 아닌 행동에서 훨씬 강력한 파장이 있다는 것을 비로소 더욱 삶으로 실감하게 되었다. 나 또한 내 자녀에게 가슴으로, 삶으로, 행동으로, 결과로 보여주는 부모가 되고 싶은 마음이 간절하다. 그러기에 오늘도 더 상향하는 내가 되어야겠다.

가족을 지키려는 아빠의 그런 책임감 있는 모습, 그리고 몸으로, 삶으로 가족 사랑을 실천한 아빠. 그런 아빠의 인생길에 존경과 감사의 마음을 담아 이 글을 바칩니다.

다시 사는 새 인생
더욱더 건강하고 행복하게
남은 인생 사시길 바래요.
사랑해요, 아빠 ♡

NO.38
임 철 홍

전화: 02-2688-9471

네이버 검색: 임철홍

워킹홀리데이센터 대표

네이버 카페 '슈퍼맨유학' 운영

필리핀, 호주, 캐나다 유학 전문가

심리상담사 1급

종이책 7권 집필

LEADERS(리더스) K 리더선정

동기부여, 자기계발 전문가

영원한 슈퍼맨

한 사람이 탄생한다는 것은 한 사람의 인생이 통째로 온다는 깊은 뜻이다. 어떻게 보면 아빠와 아들의 관계는 하늘이 내려주는 최고의 인연이 아닐까? 우리 아빠의 DNA가 나에게 그대로 적용되어 새로운 인생이 탄생한 것이다.

우리 아빠의 아들로 태어나서, 지금의 나는 아빠가 되어 아들 2명을 키우고 있다. 아이들을 15년 정도 양육하면서 조금은 알 것 같다. '우리 아빠가 얼마나 힘들었을까?', '아들로 태어나서 우리 아빠의 마음을 너무 몰랐구나.' 이것보다 더 가슴 아픈 일은 우리 아빠 나이가 75세가 되니 세상에 영원한 것은 존재하지 않는다는 것이다.

아빠와 아들의 관계로 존재하는 한순간 한순간이 정말 소중하고, 세상 그 어떤 인연보다 최고의 관계라고 생각한다. 우리 아빠의 DNA가 그대로 복사되어 새로운 인생이 탄생하는 놀라운 이 인연을 잘 형성해 나가고, 지금보다 더 좋은 DNA를 물려줄 막중한 책임을 갖고 살아야 한다고 생각한다.

우리 아빠가 아들에게 물려준 유산! 돈이 아닌, 최고의 유산 3가지를 소개하고자 한다. 우리 아빠가 보여주신 진짜 유산은 일상생활에서 올바른 교육법을 통해 자식들이 스스로 깨닫고 변해서 자식에게 대물림하는 것이다. 이것이 우리 아빠가 보여주신 인생 최고의 선순환이다.

① 책 읽는 습관을 보여주신 분이다.

한 사람의 인생은 한평생을 살아도 그 깊이를 가늠하기가 어렵다. 수많은 시행착오를 겪어도 끝없는 욕망, 다스리지 못하는 마음으로 죽기 전까지도 우리는 인생의 답을 풀지 못한다.

책 『중용』에서도 삶의 중심은 책이라고 했다. 우리 아빠는 늘 책을 읽는 모습을 보여주셨고, 그 덕분에 나는 자연스럽게 책을 읽는 습관을 갖게 되었다. 책 속에 길이 있고, 길이 있는 곳에 뜻이 있으며, 뜻이 있는 곳에 우리 아이들이 원하는 답이 있다.

"오늘의 나를 있게 한 것은 우리 마을 도서관이었고, 하버드 졸업장보다 소중한 것은 책을 읽는 습관이다." - 빌 게이츠

우리 아빠는 이런 소중한 습관을 몸소 보여주신 분이다.

② 신독하는 삶을 사신 분이다.

신독(愼獨)은 홀로 있을 때도 도리에 어그러짐이 없도록 몸가짐을 바로 하고 언행을 삼간다는 뜻이다. 즉 혼자 있을 때마저도 마음을 잘 다스리라는 의미다.

우리 아빠는 평생 양심에 어긋나는 행동과 말을 언제나 삼가고, 혼자 있을 때마저도 부끄럽지 않은 행동을 하셨다. 거짓말은 순간의 위기를 넘을 수 있지만 결국 더 깊은 수렁으로 빠지는 지름길이라는 것을, 우리 아빠는 행동으로 보여주셨다.

우리 아빠는 누가 보든, 보지 않든 항상 바른 행동을 하셨다. 그런 아빠의 모습을 보며 자란 나도 자연스럽게 그런 삶을 추구하게 되었다.

③ 중용하는 삶을 사신 분이다.

중용에서 중(中)은 지나치거나 모자라지 않고 한쪽으로 치우치지도 않은 상태를 말하며, 용(庸)은 떳떳하며 변함없는 평범한 일상을 말한다. 우리 아빠는 평생 일, 건강, 운동, 정신적 삶, 물질적 삶에서 절제력과 자제력을 발휘해 건강하고 균형 있는 삶을 유지하셨다.

우리 아빠의 중용하는 삶을 보며 자란 나는 정직함, 솔직함, 과유불급, 평정심 유지, 절제력의 중요성을 배웠다. 중용은 끊임없는 자신과의 싸움이다. 우리 아빠는 그런 어려운 길을 평생 걸어오셨고, 그 모습을 보며 자란 나에게는 최고의 교육이었다.

『중용』을 쓴 자사의 할아버지인 공자도 충실하게 중용을 한 달 도 지킬 수 없었다고 고백했다. 하지만 우리 아빠는 그런 어려운 길을 묵묵히 걸어오셨다.

우리 아빠가 자식에게 물려주신 최고의 유산은 바로 이렇게 책을 읽는 습관으로 삶의 중심을 잡아 지혜로운 삶을 살고, 신독하면서 부끄럽지 않은 삶을 살고, 중용의 삶을 살며 끊임없는 자아 성찰을 통해 내면이 성숙해지는 삶을 사는 것이다.

이런 삶을 끝까지 살아가는 모습을 자식에게 보여주는 것은 수천억의 재산을 자식에게 물려주는 것보다 더 값진 것이다.

그리고 우리 아빠는 절대 지쳐서는 안 된다. 최소한 지금의 아들이 아빠가 되어, 지금 아빠의 마음을 이해할 때까지는. 그래서 우리 아빠는 아들들의 기억 속에서는 항상 슈퍼맨이 아닌가?

그래서 우리 아빠는 어제도, 오늘도, 내일도
영원한 슈퍼맨이다.

NO.39
우 정 희

우정희의 리틀리 https://litt.ly/cheongdo365
https://www.youtube.com/@TV-io8pe
https://blog.naver.com/sungwoo39
네이버 검색: 우정희

(현) 청도재가노인복지센터 대표 (2014~)
한세대학교 사회복지행정학과 박사
미국로드랜드대학 자연치유학과 졸업
대한웰다잉협회 동대문지회장
강덕무관총본관 (1972) 이재봉관장 쿵후 우슈태극권 사범
국제공인 NLP 마스터 프랙티셔너
미세먼지관리사 1급 (환경복지)

내 삶의 교과서

아빠를 떠올리면 언제나 마음이 따뜻해집니다. 말보다 행동으로 보여주셨던 사랑, 소리 한 번 지르지 않으시고도 자녀를 바른길로 이끄셨던 분. 제게 아빠는 '정신적 지주'라는 말이 가장 어울리는 분이셨습니다.

아빠는 늘 가족을 먼저 생각하셨고, 효심과 책임감으로 삶을 이끌어가셨으며, 주위를 밝게 하고 사람들을 따뜻하게 감싸안는 중심 같은 존재였습니다. 조용히 선택하고 묵묵히 실천해 오신 그 삶의 모습은, 지금도 제 삶을 이끄는 등불이 되어주고 있습니다.

그 시절, 부모님은 계단식 논이 펼쳐진 시골 땅을 스스로 개간하시기 시작했고, 한겨울에도 하루도 빠짐없이 일하러 나가시던 두 분의 부지런한 뒷모습은 지금도 제 마음에 깊이 새겨져 있습니다.

아빠는 제게 경험의 소중함을 늘 말씀해 주셨습니다.

"하고 싶은 건 다 해봐. 누군가에게 폐만 끼치지 않는다면 괜찮아."

그 한마디는 제 삶의 중심을 잡아주는 나침반이 되었고, 지금도 다양한 경험을 두려워하지 않고, 성실하게 살아가고자 노력하고 있습니다.

어릴 적, 아빠와 함께 걷다 보면 여러 가지 구름을 보며 이름을 알려주시고, 풀과 나무의 이름도 하나하나 가르쳐주셨습니다. 초등학교 5학년부터 중학교 3학년까지, 시골에서 오디를 따고 나물을 캐며 뛰놀던 5년의 세월은 저에게 자연이 주는 배움과 생명의 소중함을 온몸으로 느끼게 해주었습니다.

아빠는 저에게 걸스카우트 활동을 할 수 있도록 다양한 기회를 만들어 주셨고, 선도부 활동도 즐겁게 할 수 있도록 응원해 주셨습니다. 그 덕분에 저는 책임감과 배려, 협동의 가치를 배워갈 수 있었습니다. 초등학교 시절, 미술 과제를 힘들어하던 저를 위해 소나무를 정성껏 그려주시던 아빠의 모습은 지금도 잊을 수 없습니다.

또 새벽마다 한문을 읽던 저에게 마당을 오가며 들으시다가 다가오셔서 읽는 톤과 뜻을 알려주시던 모습, 그 곁에서 아무것도 모르고 흥겹게 따라 하던 어린 남동생의 모습까지…. 그 모든 장면이 지금도 제 기억 속 따뜻한 빛으로 남아 있습니다.

아빠는 말보다 행동으로 삶의 가치를 가르쳐주신 분이셨습니다.

이제는 저도 부모의 삶을 살아가며, 그 깊이와 무게를 조금씩 알아가고 있습니다. 그런데 아빠는 그 모든 시간을 흔들림 없이 살아내셨고, 늘 자녀에게 본보기가 되어주셨습니다. 항상 반겨주시고 전화만 해도 반가운 목소리, 따뜻한 존재감은 지금도 제 마음에 살아 있습니다.

몇 해 전 어버이날, 남원에서 함께 간 횟집에서 식사하던 자리. 용기를 내어 아빠께 말씀드렸습니다.

"아빠는 제 정신적 지주셨고, 제가 바른길로 살아갈 수 있었던 이유입니다. 아빠, 정말 감사합니다."

그때 아빠는 멋쩍은 듯 웃으며 말씀하셨습니다.

"내가 뭘 해줬다고 그렇게 고맙다고 말하냐…."

그 한마디가 여전히 제 가슴을 뭉클하게 만듭니다. 돌아보면, 아빠는 정말 많은 것을 제게 주셨습니다. 그 말속에는 아빠다운 담백한 사랑이 담겨 있었고, 저는 그 마음을 지금도 깊이 간직하고 있습니다.

과수원에서 매실이 유난히 잘 자랐을 때, *"어떻게 이렇게 잘 키우셨어요?"* 라는 제 질문에 아빠는 웃으며 이렇게 말씀하셨습니다.

"하늘이 80%를 해주는 거고, 나머지 20%는 내가 정말 열심히 해야 해."

그 한마디는 제 마음에 깊이 새겨졌습니다. 그 말처럼 아빠는 언제나 성실하게 하루하루를 살아오셨고, 그 삶의 태도는 저에게 큰 울림이자 본보기가 되었습니다.

이제는 저도 아빠처럼, 주어진 삶에 감사하며 제 몫의 20%, 내가 할 수 있는 최선의 노력과 정직한 마음으로 하루하루를 살아내겠습니다. 그리고 아빠가 그러셨듯, 세상에 따뜻한 마음을 전하고, 누군가에게 힘이 되는 사람이 되겠습니다.

아빠의 삶은 제게 늘 길잡이였고, 그 가르침은 앞으로도 제가 흔들리지 않고 살아갈 수 있도록 이끌어줄 것입니다.

마음을 담아
아빠, 사랑합니다.
존경합니다.
그리고 참 많이⋯. 보고 싶습니다.
아빠께 받은 그 따뜻함을
이제는 제 삶으로 전하며 살아가겠습니다.

NO.40
정 세 현

이메일: latte-co@naver.com
전 화: 010-5352-7737

아름다운 세상을 만들어 가는 사람

하늘의 빛나는 별

아버지, 하늘의 별이 되기까지 '아빠'라고 다정히 불러본 기억이 없다. '사랑한다'라는 말도 마지막까지 듣지 못한 채 어느 날 홀연히 가족 곁을 떠나게 된 나의 아버지.

할아버지 할머니가 일찍 세상을 떠나 아버지 어깨에 짐이 많았다. 웃음 한 번 보인 적 없는 아버지는 늘 말이 없었다. 좋았던 기억은 마음속에 간직하고 있었을까. 가족 부양으로 늘 힘들어 보이던 그런 아버지였다. 아버지에 대한 이 글을 쓰려니 아버지에 대해 아는 부분이 너무 작아 그저 아쉬움만 남는다.

1. 아버지의 어린 시절

아버지가 일찍 떠나서 그런지 아버지의 어린 시절에 관한 이야기를 듣지 못해 지금, 이 글을 쓰며 아버지 어린 시절이 문득 궁금해진다. 평범하게 학교 다니며 지냈다는 것 외에 '이때는 이랬어'라고 들어본 적이 없다. 야속한 세월만 흘렀을 뿐이다.

언젠가는 아버지 친척들을 찾아 아버지 어린 시절 얘기도 들어보고 싶다. 그런 시간이 주어질지 모르겠지만, 그런 날도 오리라 기대해 본다.

2. 아버지의 결혼

할아버지 덕에 유복한 어린 시절을 보내고 학업을 마친 아버지는 장남으로서 소임을 다하기 위해 아버지 외가의 제안으로 학교를 오가며 관심을 둔 엄마를 만났다. 봉래사에서 결혼식을 올리고 집안의 가장이 되어, 군대를 다녀와 할아버지의 가업을 이어받아 부모를 모시며 형제들과 자녀들을 위해 소처럼 열심히 일하셨다.

3. 가장으로서의 아버지

아버지의 아버지는 병으로, 아버지의 어머니 역시 병으로 하늘나라에 가신 후 아버지는 오롯이 가장이 되었다. 처가의 처남들과 동서, 마을과 다른 마을의 여러 일도 하며 서로 의지하고 지냈다. 아이들을 양육하며 지내던 어느 날, 큰 처남이 하늘로 간 후 마음이 많이 힘드셨는지 그 후로 많이 힘들고 지쳐 보였다. 그래도 먹고사는 일을 놓을 순 없으니, 부모로서 자녀들을 돌보는 일은 하루, 한 달, 일 년…. 그렇게 흘러갔다.

4. 외로운 아버지

돌아보니 온 힘을 다해 자녀들을 키워주셨다. 늘 부족했다고 생각했는데 그게 아니었다. 아버지는 처남을 보내고 의지할 곳 없어도 홀로 외로이 묵묵히 가장의 길을 가고 계셨던 것이다.

마지막까지도 절절히 가족을 안고 있었는데 자녀들은 그 속을 알아주지 못했다. 내 나이 스물셋, 추석이 다가오기 며칠 전 아버지는 영영 돌아오지 못할 곳으로 한마디 말도 없이 떠나셨다.

5. 내 안의 아버지

몰랐다. 아버지를, 아버지의 인생을 이해하지 못했다. 다정한 말이라고는 모르던 아버지를, 웃음 한번 없던 아버지의 마음을 이해하지 못했다. 칠 년 후, 십 년 후, 시간이 많이 흐른 뒤 살아가며 아이를 낳고 나서 더욱 아버지를 그리며 이해하게 되었다. 한 사람으로 태어나 순탄치 않은 삶 속에서 얼마나 외롭고 힘들었을지, '힘들다', '아프다' 단 한 번도, 단 한마디도 하지 않은 채, 하지 못한 채 그렇게 멀고 먼 길을 갔다.

내 안에 아버지는 애처로운 사람으로 깊숙이 자리 잡고 있다. 참으로 외로운 사람이었다. 지금 내 앞에 있다면 조용히 안아드리고 싶다.

마음을 담아 사랑하는 아버지,
하늘에서 보고 있나요?
한 번이라도 보고 싶습니다.
이 세상에 태어나게 해주시고 키워주셔서 감사합니다.
사랑합니다, 나의 아버지.
아버지가 하지 못하신 그 모든 말들을
이제는 제가 전하고 싶습니다.
우리 아빠는
세상에서 가장 외롭고도 따뜻한 별이 되었습니다.

5장

아빠, 존재만으로도 든든한 내 편

41. 한지연
아빠, 존재만으로도 든든한 내 편

42. 김선화
아버지와 마음의 거리

43. 김언희
끝까지 엄마를 지키신 분

44. 우정민
작가가 된 우리 아빠

45. 양혜진
한 다리로 걸었던 인생

46. 박성희
70대 백발의 전도자 아빠를 그리며…

NO.41
한 지 연

이름은 한지연, 네 아이의 엄마다.
'다복퀸'이라는 별명처럼 사랑과 일상, 꿈과 도전이 가득한 삶을 살아가고 있다. 오랜 시간 아이들을 가르쳐왔고, 배우는 것을 멈추지 않으며 글을 쓰고 있다.
내 안에 오래도록 담아두었던 이야기를 꺼내어 한 글자 한 글자 눌러 쓴다. 소중한 꿈을 적은 '버킷리스트', 엄마에 대한 마음을 눌러 담은 『우리 엄마는』 공동 출간한 작가이다. 꿈을 포기하지 않고 조금씩 나아갈 것이다.

아빠, 존재만으로도 든든한 내 편

아빠를 생각하면 내 이름을 부르며 장난스럽게 웃으시던 모습이 가장 먼저 떠오른다.

"지연아~왔나?"

"많이 팍팍 먹어라. 그래야 배가 볼록하게 나오지."

"아빠한테 와서 팔베개하자."

따뜻하고 정감 있는 말투, 다정한 눈빛, 언제나 내 편이 되어주는 아빠가 곁에 있다는 사실만으로도 든든하다. 어릴 때도 지금도 아빠를 떠올리면 마음이 단단해지고, 다시 살아갈 힘이 생긴다.

아빠는 사람을 좋아하고, 나누는 것을 즐기고, 정이 많은 분이다. 아이들을 좋아하는 아빠는 아이들을 보면 늘 미소를 지으신다. 아빠를 닮은 나도 사람을 좋아하고 정이 많다. 아빠의 삶의 방식이 고스란히 나에게 전해진 것이다.

고등학생 시절, 야간 자율학습을 마치고 오면 어두운 골목길이 무서웠다. 아빠는 늘 나를 골목 입구에서 기다리고 계셨고, 어둡고 컴컴한 그 길이 더 이상 무섭지 않았다. 마음이 놓이고, 발걸음이 가벼워졌다. 나를 지켜주는 아빠가 있다는 건 그렇게 든든하고 좋은 일이다.

어릴 적 여름이 오면, 아무리 바빠도 아빠는 한두 번쯤 꼭 바다나 강으로 우리를 데려가셨다. 고향이 바닷가라서 바다에 가는 것이 익숙했다. 아빠가 끌어 주는 튜브 위에서 나는 세상 무서운 것이 없었고 그저 든든했다. 튜브를 타고 파도에 일렁이는 그 순간이 세상에서 가장 즐겁고 자유로웠다. 아빠랑 있으면 하나도 무섭지 않았고, 더 깊은 곳으로 가자고 조르던 꼬마가 바로 나였다. 살아가면서 도전을 할 수 있는 힘도 어린 시절부터 생긴 게 아닐까 싶다.

그 시절의 기억이 마음속에 단단히 자리하고 있어서일까. 세상에 기댈 곳이 하나도 없다고 느껴질 때, 갈 곳이 없고 세상이 나를 버린 것처럼 느껴질 때 나는 주저 없이 아빠를 떠올린다. 그리고 그때마다 나는 마음에 새긴다. 내가 돌아가 쉴 곳이 있다는 것, 그곳엔 아빠가 늘 계신다.

평소에는 괜찮은 척, 아무 일 없는 척한다. 아빠가 걱정하실까 봐 힘든 일이 있어도 내색하지 않는다. 하지만 삶이 무너질 듯한 순간, 나는 아마도 아빠에게 갈 것이다. 아빠는 언제나처럼 조용히 나를 품을 것이고, 단단하게 나를 일으켜 세워 줄 것이다.

배불리 먹이고, 따뜻한 곳에서 잠들 수 있게 마음을 쓸 것이고, 쉴 수 있도록 해 줄 것이다. 그 생각만으로도 마음이 든든해지고, 다시 두 발로 땅을 딛고 서 있을 힘이 생긴다.

어릴 적, 실수로 참기름병을 깬 적이 있다. 바닥에 쏟아진 기름,

집 안 가득 퍼진 고소한 냄새,

엄마는 "조심하지. 아까워라."라며 말씀하셨고 나는 마음이 조마조마했다. 그 순간 옆에 계시던 아빠는 웃으며 이렇게 말씀하셨다.

"집에 고소한 냄새가 나서 나는 좋다."

기막혀 웃는 엄마, 마음이 놓이며 배시시 웃음이 나던 나, 그 순간 역시 마음 깊이 새겨진 한 가지.

'역시, 아빠는 언제나 내 편이야.'

세월은 참 빠르다. 언젠가부터 아빠의 뒷모습이 작고 약해 보이기 시작했다. 그 모습을 바라볼 때마다 마음 한쪽이 아릿하고 아프다.

'우리 아빠도 나이가 드셨구나.' 아빠가 안 계실 수 있다는 생각을 잠시라도 하면 금세 눈물이 고이고 울컥한다. 뭐든지 뚝딱 해내시던 '만능 아빠, 태산 같은 아빠'는 여전히 내 삶에서 가장 든든하고 단단한 산이다. 그 자리에 있다는 것만으로도 나는 위로 받고, 다시 일어설 수 있다.

사랑하는 아빠! 부디 건강하게
오래오래 우리 곁에 있어 주세요.
이 세상 그 누구보다 따뜻하고 든든한 우리 아빠.
그 이름만으로도 존재만으로도 힘을 얻고 살아갑니다.

NO.42
김 선 화

블로그
https://blog.naver.com/sunhwagiyo

영산대학교 겸임교수

청소년지도사

출판지도사

아동권리교육강사

연우심리연구소 U&I 학습. 진로상담전문가

초등학교 문해교원

청소년자원봉사소양교육강사

대한치매협회 부산수영지부지부장

아버지와 마음의 거리

나는 1968년도에 딸을 낳았다.
내 나이 서른에 나는 아버지가 되었다.

아버지를 기억하고 아버지에 대한 글을 적으려고 하니 마음이 힘들다. 57년이 지난 지금 아버지를 생각하는 것은 열면 안 되는 판도라의 상자를 여는 것처럼 심장이 두근거린다. 나에게 큰 상처가 되는 사건은 기억이 흐릿하거나, 기억하지 못한다. 망각과는 다른 차원의 문이다. 나는 나를 보호하기 위한 장치의 문을 만들어 놓았다. 지금 그 문을 나는 열고 있다.

나의 유년 시절 아버지와의 관계는 내가 자각하기 전부터 힘들었다. 엄마가 아버지와 살지 않으려고 나를 데리고 부산에서 서울까지 도망갔다. 내가 기억하지 못하는 그때 일을 엄마는 아버지와 다투고 힘들 때마다 나에게 "자식 때문에 그때 헤어지지 않고 살고 있다."라고 말한다. 아버지는 말수가 적었다. 하지만 술을 마시면 사람이 변했다.

나는 아버지에게 이유 없이 맞았고, 술에 취한 아버지에게 상처받는 말을 들으며 자랐다. 아버지와 나는 따뜻한 부녀의 정에 대한 기억보다는 힘든 기억이 더 많다. '아버지'라고 입 밖으로 부르기도 어렵다. 유년 시절의 어린 나는 무섭고 외롭고 두려웠다. 아버지와 엄마의 다툼에서 나오는 말과 행동은 어린아이에게 깊은 상처를 남겼다.

고등학교 때 나는 막내 여동생을 돌보았다. 친구를 만날 때도 동생을 데리고 다녔고, 혼자 나갔다 오면 어김없이 나를 윽박지르고 상처 주는 일들이 기다리고 있었기에 동생을 내가 돌보아야 그 상처가 줄어든다고 생각했다. 하지만, 어떤 때는 예상을 빗나가기도 했다. 안정감을 줘야 하는 가정이 살얼음판이 되어 위태롭게 유지를 이어갔다.

모빌이 떠오른다. 그때의 아버지는 무엇이 힘들었을까? 시대를 잘못 만났을까? 아버지는 한탕을 많이 노렸다. 헛된 한탕에 대한 잘못된 욕망이 누군가에게 상처를 주는 행동으로 나타났다. 어느 날, 나는 막내 여동생을 안고 주차해 놓은 차 뒤에 숨었다. 겁에 질린 두 살의 동생은 아무것도 모를 텐데 숨죽인 언니의 마음이 전해졌는지 울지도 않았다.

저 멀리서 발소리가 들린다. 술에 취해 비틀거리면서 한 손에 칼을 들고 있는 아버지란 존재가 보인다. 나는 아버지와 마음의 거리가 가깝지 않다. 서른 즈음에 아버지가 된 아버지, 나는 지금 나의 마음의 거리를 좁혀 아버지를 이해해 보려고 한다. 어쩌면 아버지는 큰 딸인 내가 힘든 기억으로 살아가길 원하지 않는지도 모른다는 생각이 든다. 아버지에 대한 내 생각은 상처와 두려움, 아픈 기억 속에 대한 죄책감으로 남아 있다. 하지만 지금 돌이켜 보니 그 기억은 왜곡되고 불분명하기도 하다. 이는 내가 아버지를 잘못 기억해서가 아니라, 그만큼 큰 상처였기 때문이다.

나는 이제 아버지를 원망하는 것이 아니라, 한 인간으로 이해하려 한다. 돌이켜 보면, 아버지와의 관계는 내게 평생 풀리지 않을 숙제로 남아 있을 수 있다. 어린 시절의 힘든 기억은 여전히 선명하고 두렵다. 그러나 시간이 흐르면서 그 숙제를 억지로 풀어내려 하기보다, 나의 마음을 있는 그대로 안아보려 한다. 사람은 완벽하지 않다. 아버지도 완벽하지 않았다. 하지만 아버지를 이해하기 어려웠던 나는 아픔과 외로움으로 늘 상처받은 아이로 머물렀다.

내가 마음의 거리를 좁히고 생각을 달리할 때, 아버지를 이해하게 되고 곧 나 자신을 이해하는 길이기도 하다. 아버지와의 시간을 떠올리며 나는 상처 입은 나를 다시 바라보고, 그 어린 나를 감싸안는 연습을 하고 있다. 그것이 내가 살아가는 또 하나의 방식임을 알고, 아버지의 그림자를 내 안에서 조금씩 빛으로 바꾸어가는 과정이다.

그리고 아버지에 대한 힘든 기억은 나의 내면의 트라우마가 아니라 내 삶의 교훈과 성장의 밑거름으로 바꾸려 한다.

NO.43
김 언 희

전화: 010-2646-7172
이메일: eonhee999@hanmail.net

효성여자대학교 통계학과졸업
컴퓨터학원운영
효성여자대학교 전자계산기 석사졸업
대학교 시간강사
주) 교원 영업국장
주) 레고닥타 창의스쿨 원장
현재 보험영업 20년 차

끝까지 엄마를 지키신 분

1931년생인 아버지는 2023년 가을 요양병원에서 한 달 정도 계시다가 엄마가 있는 천국으로 가셨다. 뇌경색, 치매로 고생하던 엄마의 긴 병구완을 끝까지 마무리해 주시고….

그 옛날 산골에서 초등학교에 가려면 4킬로를 걸어갔다고 한다. 고무신이 아까워 맨발로, 가방이 없어 보자기에 책을 싸서 허리에 차고, 새벽에 일어나서 산을 넘어 학교에 다니셔서 그런지 건강하고 부지런하셨다. 공부가 제일 쉬웠다고, 우리에게 공부가 뭐가 어렵냐고 하시며 성적표를 받을 때마다 아버지의 어린 시절 이야기를 들려주곤 하셨다.

군에 가서 얻은 결핵으로 아버지는 꿈을 이루지 못하고 방황할 때 엄마를 만나 제2의 삶을 시작했다. 하지만 늘 방황하며 엄마에게는 사춘기 막내아들 같은 철없는 남편이었다. 아픈 아버지를 선택하여 항상 아버지의 건강이 우선인 엄마의 삶 속에서 아버지는 매사에 본인 말고는 무조건 엄마 편이었다.

새벽에 일어나 산을 넘어 학교에 도착하면 동이 텄다고 하셨다. 그런 습관으로 평생 늦잠을 주무시는 걸 본 적이 없다.

중학교부터 도시로 하숙했는데, 집주인이 새벽만 되면 이불을 걷어가 버려 일찍 일어날 수밖에 없었고 공부할 수밖에 없었다고 한다.

4년제 대학을 우수하게 졸업했지만, 군에서 결핵을 앓아 꿈을 이루지 못했다. 간호장교였던 엄마와 인연을 맺은 것도 그때였다. 은행 시험 필기는 3등 안에 들었지만, 결핵 흔적으로 신체검사에서 탈락하는 과정이 반복되면서 교사를 지원했다.

최고의 대학을 졸업했지만, 전공을 살리지 못했다. 어떤 시험도 3등 안에 합격했지만, 교사로서는 만족하지 못하셨는지 결혼생활 내내 힘들어하셨다. 그럴 때마다 엄마는 아버지를 이해해 주셨다.

근무에는 한 치의 오차도 없으셨던 아버지, 아무리 술을 드셔도 학교에 결근하거나 지각하는 모습을 본 적이 없다. 아버지는 성적보다 개근을 강조하셨다. 아무리 아파도 학교에 가서 병원을 가게 하셨고, 자기 삶 속에서도 성실함이 삶의 정답이셨다.

초등학교를 졸업하고 중학교를 배정받았는데 집에서 좀 멀었다. 다리가 불편한 딸을 위해 아버지는 3년 동안 출근하시기 전에 자전거로 나를 등교시키고 출근하셨다. 그 전날 아무리 술을 드셔도 나는 아버지의 자전거를 타고 등교했다.

고등학교 2학년 수학여행 때 설악산에서 다리를 크게 다쳐 앰뷸런스를 타고 대구까지 왔다. 평해에서 대구까지 오는 버스에서 아버지는 나를 죽었다고 생각하고 오셨다고 한다. 나를 보는 순간 펑펑 우셨다. 치료하는 동안 병간호는 아버지가 하셨고, 대소변도 모두 아버지가 해주셨다. 나는 아버지를 무서워하지도 않았고 혼난 기억도 없다. 무엇이든 다 해주신 기억뿐이다.

치매에 대한 인식이 없었던 시절, 엄마는 평생을, 자식과 남편을 위해 살다가 퇴직 후 우울증이 오고 치매가 시작됐지만, 우리가 알아차리지 못했다. 2008년 건강검진에서 치매 진행이 확인됐고, 2010년 뇌경색이 2차례 오면서 엄마는 요양원으로 옮기게 됐다.

2010년 6월부터 2016년 10월 돌아가실 때까지 아버지의 눈물겨운 병간호가 시작됐다. 뇌경색으로 삼키는 기능이 안 되는 엄마를 아버지는 매일 아침 사과를 갈아서 떠먹이고 얼굴을 보고 난 후 아버지의 하루를 시작하셨다. 돌아가신 후 병상일지를 봤다. 혼자서 얼마나 힘들었는지 자식 잘못 키웠다는 푸념이 간혹 있었다. 정말 죄송하다.

엄마가 천국에 가시고 혼자 있는 아버지와 합가했다. 함께한 삶에서 아버지는 나에게 많은 추억과 더 많은 사랑을 주셨고, 자식 잘못 키웠다고 푸념하신 아버지에게 조금이라도 자식 도리를 할 수 있었다.

마지막 몇 달 딸의 케어를 받는 동안 늘 미안하다는 말씀하셨다. 아버지는 어릴 적도 그랬고 다 큰 딸의 대소변도 받아주셨는데 무엇이 미안하냐고···. 아버지의 대소변을 닦아내도 자연스럽게 해내는 나의 모습에서 나는 아버지의 딸이었다.

요양병원에서 쓴 아버지의 일기장에는 매일 전화해서 사랑한다고 하는 딸에게 미안해하는 글과 고맙다는 글이 적혀있어 마음이 조금 놓인다. 부모는 받는 것보다 주는 것에 익숙해 있어 마지막 얼마 되지 않는 시간 동안 받은 딸의 사랑 표현에 2023년 가을 아버지는 행복하게 천국에 가셨다.

아버지 고맙습니다. 감사합니다. 아버지처럼 열심히 살다가 아버지 계시는 곳 천국으로 가서 만나요.

NO.44
우 정 민

중학교 3학년 재학 중

작가가 된 우리 아빠

　사람들은 종종 "꿈"에 대해 이야기한다. 어떤 일을 하며 살아가고 싶은지, 어떤 모습으로 늙어가고 싶은지에 대해서 말이다. 하지만 현실은 늘 꿈과는 다른 방향으로 흘러간다. 그래서 많은 어른들이 "현실적으로 생각해야 한다"라며 꿈을 포기하라고 말한다. 하지만 우리 아빠는 달랐다. 아빠는 나에게 꿈을 포기하지 말라고 가르쳐주었을 뿐만 아니라, 직접 그 모습을 보여주었다.

　아빠는 15년이라는 긴 시간 동안 회사에 다녔다. 매일 아침 일찍 집을 나서서 늦은 저녁에 돌아오는 모습이 당연한 일상이었다. 어릴 때 나는 아빠가 무슨 일을 하는지도 정확히 몰랐고, 그저 '회사에 다니신다'는 것만 알고 있었다. 주말에도 종종 회사 일로 바쁘셨던 아빠를 보며, 나는 막연히 "어른이 되면 이렇게 사는 거구나"라고 생각했다.

　그런 아빠가 어느 날 갑자기 회사를 그만두겠다고 말씀하셨다. 솔직히 말하면 정말 놀랐다. 15년이나 다니던 회사를, 그것도 안정적인 직장을 그만둔다는 것이 이해되지 않았다. 엄마도 처음에는 많이 걱정하셨다. "괜찮을까? 우리 생활은 어떻게 하지?" 하며 밤늦게 아빠와 진지한 대화를 나누시는 소리가 방까지 들렸다. 나 역시 마음 한편으로는 불안했다. 친구들은 모두 부모님이 안정적인 직장에 다니는데, 우리 아빠만 갑자기 다른 길을 선택하신 것 같아서 말이다.

하지만 시간이 지나면서 아빠의 변화된 모습을 보게 되었다. 아빠는 1인 기업가가 되어 책 쓰기 강의와 출판 일을 시작하셨다. 처음에는 서툴고 어색해 보였지만, 점점 자신감 있고 활기찬 모습으로 변해가셨다. 무엇보다 아빠의 표정이 달라졌다. 예전에는 피곤하고 지친 모습이 많았는데, 이제는 눈빛이 살아있고 항상 무언가를 계획하고 준비하는 모습이었다.

아빠가 하시는 일을 자세히 알게 된 것은 최근의 일이다. 아빠는 글쓰기를 어려워하는 사람들에게 쉽고 재미있게 글을 쓰는 방법을 가르쳐주신다. 또한 자신만의 이야기를 책으로 만들고 싶어 하는 사람들을 도와서 출간까지 이어지도록 도움을 주신다. 아빠의 강의를 듣고 책을 출간한 분들이 보내주시는 감사 메시지를 볼 때마다, 나는 아빠가 정말 의미 있는 일을 하고 계신다는 것을 느낀다.

"사람들이 행복해하는 모습을 보는 것이 가장 보람 있다"라고 말씀하시는 아빠의 모습에서, 나는 진정한 성공이 무엇인지 배우게 되었다. 돈을 많이 버는 것도 중요하지만, 자신이 좋아하는 일을 하면서 다른 사람들에게도 도움이 되는 삶을 사는 것이 더 가치 있다는 것을 말이다.

아빠는 이제 예전보다 더 바쁘시다. 하지만 그 바쁨의 질이 다르다. 예전에는 의무감으로, 생계를 위해서 바쁘셨다면, 지금은 열정으로, 꿈을 이루기 위해서 바쁘시다. 그래서인지 아빠는 힘들어하지 않으신다. 오히려 더 활력이 넘치고, 우리 가족과 보내는 시간도 더 의미 있게 만들어 주신다.

　가끔 아빠와 함께 산책하다 보면, "정민아, 네가 하고 싶은 일이 생기면 꼭 도전해 봐라. 나이나 상황을 핑계로 포기하지 말고"라고 말씀해 주신다. 그 말을 들을 때마다 나는 큰 용기를 얻는다. 아빠가 직접 보여주신 모습이 있기 때문에, 그 말이 더욱 힘 있게 들린다.

　이제 나는 아빠를 정말 자랑스러워한다. 안전한 길보다는 자신이 진정 원하는 길을 선택하신 용기, 그리고 그 선택을 후회하지 않고 최선을 다해 살아가시는 모습, 무엇보다 자신의 행복뿐만 아니라 다른 사람들의 행복도 함께 생각하며 일하시는 마음가짐까지.

　우리 아빠는 나에게 가장 좋은 선생님이다. 교과서에서 배울 수 없는 진짜 인생의 지혜를, 말이 아닌 행동으로 가르쳐주시는 분이다. 나도 아빠처럼 용기 있게 살고, 내가 좋아하는 일을 하면서 다른 사람들에게도 도움이 되는 사람이 되고 싶다.

　앞으로 아빠가 더 많은 사람에게 좋은 영향을 주시고, 건강하게 하고 싶은 일을 계속하셨으면 좋겠다. 그리고 나는 그런 아빠의 든든한 지원군이 되어 드리고 싶다.

NO.45
양 혜 진

네이버 검색: 양혜진
블로그: https://m.blog.naver.com/yang5456
연락처: 010-6432-8481

코리아 홈쇼핑 텔레마케터 4년
SK브로드밴드 텔레마케터 13년
현 삼성화재 RC 일산지점
전자책: 『우리는 알콜중독 부부』
종이책: 『내 삶의 버킷리스트』『우리 엄마는』

한 다리로 걸었던 인생

어렸을 때 내가 본 아빠는 무서웠다. 가부장적이고 화도 많이 내셨다. 생선 대가리를 발라내는 걸 좋아하셨고, 당신이 드시는 걸 지켜보고 있는 남동생과 나를 보시며 "먹을래?" 하고 물어보신다. 우리는 이구동성으로 "네~!" 하곤 했다. 그런 모습이 아빠는 보기에 좋으셨나 보다. 처음부터 안 주시고 중간에 물어보곤 하셨다.

어렸을 때 나는 아빠가 씹던 껌도 받아서 씹곤 했다. 그런 모습을 본 작은 아빠는 위생상 좋지 않다고 아빠에게 뭐라고 하셨다. 아빠는 작은 아빠가 있으면 더 그러셨다. 아빠와는 뽀뽀도 자주 했다. 작은 아빠 앞에서 '너는 딸과 이런 것 못하지?' 하는 느낌이었다.

아빠는 1945년 전남 순천에서 태어나 부유한 집안에서 부족한 것 없이 사셨다. 비단 장사하셨던 할머니와 학문에 조예가 깊었던 할아버지. 밥 한 끼 먹기도 힘든 시절에 집에는 바나나가 있었고, 자전거를 타고 다니셨다. 2남 4녀 중 5번째이면서 장남이셨다. 학창 시절 공부도 잘하고 잘생기셨는데, 성격은 어땠는지 모르겠다. 나와 아빠는 늘 언쟁했다. 극과 극의 성격이 한 집 안에 있었다.

폐암으로 병원에 입원하셨다가 폐렴으로 2018년 3월에 돌아가셨다. 아빠의 혈액형은 O형인 줄 알았는데, 병원에서 알게 된 혈액형은 A형이었다. 혈액형별 성격을 믿고 싶지 않지만, 아빠를 보면 맞는 것 같다. 소심한 트리플 A형.

성인이 된 나와 아빠는 많이 싸웠다. 하지만 바른 예절과 인성을 중요하게 생각하셨던 아빠여서 난 존경했다. 그런 아빠에게 감사하다. 근검절약하셨고, 남의 물건이어도 내 것처럼 소중하게 사용하셨다.

말로만 하는 교육이 아닌 행동으로 보여주셨다. 초등학교 시절에 존경하는 위인을 적으라는 칸에 나는 '양미환'이라 적었다. 담임 선생님이 누구냐고 물으셨고, 나는 *"우리 아빠예요"*라고 답했다. 내가 많이 존경했다. 나에게는 훌륭한 어른이셨다.

소아마비로 늘 지팡이를 사용해야 걸을 수 있었던 아빠. 불편한 몸에도 불구하고 처자식을 위해 바퀴가 두 개뿐인 자전거에 슈퍼에서 팔 과일을 가득 싣고 부천 깡시장에서 물건을 떼어오곤 하셨다. 한 다리로 페달을 밟으며 한여름 흘리셨을 땀 생각에 가슴이 시리다. 내가 고등학교에 입학할 즈음 부천에서 인천 남동구 간석동으로 이사를 했다. 적은 돈으로도 돈을 융통하시고, 장애인 사단법인에서 봉사와 많은 일들을 하셨다.

코리아홈쇼핑 재직 중에 나는 아빠가 싸주신 도시락으로 점심을 먹었다. 퇴근하고 들어오면 도시락 설거지도 해주셨던 아빠. 가끔 설거지를 내가 하면 잔소리를 하신다. *"탁탁 털어서 건조대에 둬! 안 그러면 아침에 물기가 그대로 있어서 물기를 제거하는 번거로움이 있다고."* 지금도 내 귓가에 들려오는 아빠의 잔소리.

아빠 친구가 엄마를 소개해줬다. 아빠 친구는 엄마 친언니의 남편이다. 건설 현장에서 간부로 계셨던 아빠를 만나러 시골에서 서울로 오가며 연애를 하셨다.

엄마는 다방에서 하루 종일 기다릴 때도 있었다. 잘생겨서 첫눈에 반했다고 말씀하셨다. 내가 보기엔 지금이 더 잘생기셨다. 어린 내 눈에 두 분은 행복한 부부셨다. 그런 모습을 보며 나도 저렇게 살아야지 생각했다.

"멋진 아빠, 친구 같은 아빠.
보고 싶습니다."

NO.46
박 성 희

네이버 검색: 박성희
연락처: 010-4405-2020
이메일: izoa77@empas.com
블로그: 천국서기관의 보물창고
https://blog.naver.com/izoagkwldy
유튜브 채널: [전도자의영상일기]

은방울어린이집 원장 13년 / 시화리라유치원 원감 2년
유아전문 학부모 카운슬러
iebTV 유아교육방송국 연구실장 3년
전국유아교육자 원장연수 강사 5년
SK브로드밴드 텔레마케터 5년
생명의 빵굼터/전도자의영상일기 문서영상 선교사
현 삼성화재 일산지점 메디컬 매니져
저서: 『보험이 최고의 직업, 15인의 성공스토리와 노하우』『나는 신랑의 러브레터를 전달하는 우편배달부』『내 삶의 버킷리스트』『우리 엄마는』『나의 가시 면류관이자 금 면류관!』

70대 백발의 전도자 아빠를 그리며…

사랑하는 나의 아빠 박덕열 집사님!

아빠를 하나님 품으로 보내 드린 지 벌써 10년이 넘었네요. (15. 3. 18. 수. 75세 소천) **영혼 구원을 위한 우리 기도를 땅에 떨어뜨리지 않으시는 신실하신 주님이** 아빠의 마지막 기도 제목이었던 작은 딸 현희의 영혼도 구원해 주셔서 19년 1월 5일 아빠 품으로 먼저 보내 드렸네요.

조카 유림이도 엄마를 보낸 후 1년 동안 우울증에 빠졌다가 하나님 품으로 안기어 오게 하셔서 하나님께서 내게 육신으로는 아들 하나만 주셨지만, 동생 현희로 인해 배 아프지 않고 가슴으로 낳은 딸들이 생겼네요. 아빠 가슴에 돌을 던졌던 둘째 사위 동근이의 여리고 같은 마음도 무너지게 하셨고, **현희의 죽음이 한 알의 썩은 밀알 되어 코로나가 시작되고 2019년 2월부터 제주도 선교의 문이 열리고 복음 안에 많은 동생도 생겨났어요.**

육은 제한이 있지만 영은 참으로 풍성한 것 같아요. 앞으로도 선교 현장을 통해 예수의 피로 통하는 많은 천국의 가족들이 만나지겠지요. 전도와 선교는 참으로 이산가족 찾기와도 같다는 생각이 들어요. 아빠 곁으로 하나님이 날 부르시는 그날까지 많은 복음 안에 가족들 다 찾아서 함께 올라갈게요. 응원해 주세요.

이 일을 아빠와 동행했다면 우리 아빠 얼마나 좋아했을까…. 전도 현장에 동행하며 늘 나를 자랑스럽게 여겨주시던 우리 아빠. **아빠와의 동행이 정말 든든했고 그래서 오늘 그 아빠와의 동행의 시간이 맘 시리도록 그리운 하루입니다.**

캠핑카 사서 우리 가족 모두 전국을 다니며 선교하는 꿈을 꾸며 행복해했던 우리 아빠. 아빠와 함께 그 꿈을 이루지 못해 아쉽지만 **아빠 딸 성희가 캠핑카가 아니라 낭만의 땅 제주도를 코로나 덕분에 매주 왕복 2~3만 원짜리 비행기 타고 오가며 선교할 수 있도록 하셨어요.**

참으로 여호와를 앙망했더니…, 독수리 날개 치며 올라감 같은 힘을 주신다고 약속하신 대로 **저는 독수리가 아니라 매주 아시아나, 대한항공을 태워 주셨어요.** 지금은 나와 전도 현장에 동행하던 아빠의 빈자리를 전 직장 SK브로드밴드에서 만난 띠동갑 동생 혜진이가 함께해 주고 있어요.

아빠도 다 보고 계신 거죠? 내 진짜 전도의 짝인 아빠의 큰사위 이**두연 집사는 우리보다 메가톤급 큰 자인가 봐요.** 아직도 나를 훈련시키는 바로의 역할을 잘 감당하고 있지만…, 사울을 통해 다윗을 연단하셨듯이 **나를 단련시키고 나면 바로가 바울로 변할 거라는 거 아니까 응답이 늦어질수록 기대가 커지네요.**

아빠! 아빠는 내게 세상에서 최고로 고마우신 분이셨어요. 하나님이 내게 주신 최고의 선물. 정원이에게도 너무나도 멋진 외할아버지셨고…, 아빠는 내 육신의 생명이 태어나는 축복의 통로였으며 내가 복음으로 낳은 제1호 영적 아들이며 영생의 생명을 함께 탄생시키는 일에 선교 현장의 짝도 되어 주셨죠. 1인 3역.

하나님께 쓰임 받고 싶어 안달이었던 70대 열정의 노장!! 나의 자랑스러운 면류관 우리 아빠 박덕열 집사님을 나는 잊을 수가 없습니다. 보잘것없는 큰딸을 늘 자랑스럽게 여겨 주셔서 아빠 덕택에 기죽지 않고 항상 당당할 수 있었답니다.

오늘따라 우리 아빠 너무너무 보고프다. 작은 체구에도 태산 같은 큰일이 닥치면 더욱 담대하고 용맹했던 만년 해병 우리 아빠. 월남전에서 살아남은 아빠의 지혜와 무용담들. 듣고 또 들어도 흥미진진했답니다. 나도 사망 권세 이기고 부활하셔서 사단의 세력 멸하신 예수님 따라 하나님 나라 확장하는 데 쓰임 받고 있어 영적 해병대 아니 여전사인 것 같아요. 아빠의 영은 이미 천국에 계시고 지금 우리 맘에 또 내가 밟고 있는 선교 현장에 늘 살아서 매일 동행하심을 아니까 아빠는 지금도 나의 영원한 동력자입니다.

"사랑하고 존경합니다."

2025. 8. 2. 토
From your eternal daughter, and eternal friend 성희

에필로그

동전의 앞과 뒤, 빛과 그림자처럼, 책에도 작가의 시선과 독자의 시선이라는 두 가지 관점이 존재한다.

작가는 글을 쓰는 과정을 통해 자신을 성찰하고 생각을 정리하며, 경험과 배움, 지혜를 타인에게 전달하는 보람과 기쁨을 느낀다. 독자는 타인의 성장과 인생 이야기를 읽으며 공감과 위안을 얻고, 삶의 용기와 희망, 새로운 아이디어 등을 발견한다. 이처럼 책이 주는 유익함은 양쪽 모두에게 존재한다.

공동 저서는 개인 저서 대비 시간과 비용, 분량에 대한 부담이 적다. 그렇기에 책을 처음 써보는 분들과 꾸준히 책을 쓰고 싶은 사람에게 적합하다. 책 쓰기를 처음 시작하는 분들이라면 공동 저서로 시작하여 경험을 쌓기를 추천한다. 이 경험이 다음 단계로 넘어가는 좋은 밑거름이 될 것이다.

책을 쓰기 위해서는 용기와 시간, 집중력, 인내 등이 필요하다. 바쁜 일정 가운데 시간과 마음을 내어 함께한 작가님들에게 감사와 격려의 말을 전한다.

모두가 자신의 경험과 감정, 배움, 삶의 지혜를 누군가에게 글과 책으로 전하는 뜻깊고 보람찬 일에 함께해보기를 권한다. 당신의 이야기에 누군가는 깨달음을 얻고 인생이 변할 것이다. 경험이 책이고, 인생이 책이고, 사람이 책이다.

by 나연구소 우경하

우리 아빠는

초판 1쇄 발행_ 2025년 09월 01일

지은이_
우경하 이은미 박선희 심푸른 안은숙 양 선 이연화 강화자 김미옥 차에스더
김현숙 장예진 박정순 김지현 한준기 박보라 한기수 정태호 최세경 이성희
최순덕 심영자 조대수 윤국주 유동식 이선자 김종호 조윤미 류정희 고서현
이성근 송혜선 김인경 김송례 이 진 전병천 이미경 임철홍 우정희 정세현
한지연 김선화 김언희 우정민 양혜진 박성희
펴낸곳_ 피플북
디자인_ 우경하 & 정은경
표지디자인_ 디자인플래닛
인쇄처_ (주)북모아

출판등록번호_ 제2025-000025호
주소_ 서울 도봉구 덕릉로 63가길 43, 지하26호
전화_ 010-7533-3488
ISBN_ 979-11-994266-1-0 (03190)
정가_ 21,000원

이 책은 저작권법에 따라 보호받는 저작물이므로
무단 전재와 무단 복제를 금지하며
이 책 내용을 이용하려면 반드시 저작권자와
출판사 피플북의 서면동의를 받아야 합니다.
잘못된 책은 구입처나 본사에서 바꾸어 드립니다.